STORY WRITING SENSE **02**

The Name Of 'Rocky Mountains'

- 한일
  Wisconsin 주립대학 TESOL(B.A.)
  Columbia University TESOL(M.A.)
  PBG (Practical Based Grammar) Teaching 개발
  Story Writing & Academic Writing Program 개발
  KCU with 연세대학교 겸임 교수
  EBS '한국에서 유일한 기초 영문법' 강의
  www.EBSlang.co.kr

STORY WRITING SENSE_02
The Name Of 'Rocky Mountains'

초판 8쇄 발행 2013년 3월 11일

지 은 이 한일
펴 낸 이 신성현, 오상욱
펴 낸 곳 도서출판 아이엠북스
  (153-802) 서울시 금천구 가산동 327-32 대륭테크노타운 12차 1116호
  Tel. (02) 6343-0999 Fax. (02) 6343-0995
출판등록 2006년 6월 7일 제 313-2006-000122호

ISBN 89-92334-01-× 14740

＊ 저자와의 협의에 따라 인지는 붙이지 않습니다.
＊ 잘못된 책은 구입하신 곳에서 교환해 드립니다.
＊ 이 책에 게재된 내용의 일부 또는 전체를 무단으로 복제 및 발췌하는 것을 금합니다.

www.iambooks.co.kr

STORY WRITING SENSE 02

The Name Of 'Rocky Mountains'

한일 지음

Contents

What is the Story Writing? 6

Construction & Character 8

Story One

영어의 단순한 2가지 구조 **Essential Part vs. Additional Part** 12
Preview the Story Sentence 14
Story Writing 주어 + 동사 (+ 목적어) 16
Review Sentence Writing 20

Story Two

Writing에 있어서 생명과도 같은 존재 **전치사** 24
Preview the Story Sentence 28
Story Writing 주어 + 동사 (+ 목적어) + 전치사 30
Review Sentence Writing 34

Story Three

동사를 도와주는 동사 **조동사** 38
Preview the Story Sentence 40
Story Writing 주어 + 동사 (+ 목적어) + 전치사 + 조동사 42
Review Sentence Writing 48

Story Four

동사의 형용사화 **과거분사 & 현재분사** ……………………………………… 52
Preview the Story Sentence ……………………………………… 54
Story Writing 주어 + 동사 (+ 목적어) + 전치사 + 조동사 + 분사 ……………… 56
Review Sentence Writing ……………………………………… 64

Story Five

강조하고 싶은 것을 앞으로 보내는 **수동태** ……………………………… 68
Preview the Story Sentence ……………………………………… 70
Story Writing 주어 + 동사 (+ 목적어) + 전치사 + 조동사 + 분사 + 수동태 …… 72
Review Sentence Writing ……………………………………… 78

Story Six

특별한 부사로 시작하는 **부사절** ………………………………………… 82
Preview the Story Sentence ……………………………………… 84
Story Writing 주어 + 동사 (+ 목적어) + 전치사 + 조동사 + 분사 + 부사절 …… 86
Review Sentence Writing ……………………………………… 94

`Story Word List` ……………………………………………………… 97

`Writing Guideline` …………………………………………………… 103

What is the Story Writing?

하나의 문장이 만들어지기 위해서는 반드시 그 시작점이 있습니다. 영어도 마찬가지입니다. 영어는 두 개의 단어로 문장을 시작합니다.

I like.
주어 동사

He cleaned.
주어 동사

Plants grow.
주어 동사

They operated.
주어 동사

Story Writing은 문장이 만들어지는 가장 기본적인 시작점, 즉 두 개의 단어를 시작점으로 출발하여 한편의 Story를 만들어갑니다.

하나의 문장이 두 개의 단어로 출발하여 어떠한 문법적인 경로를 통해서 길어지는지, 또 각각의 문법들은 서로 어떠한 경로를 통해서 구조적으로 긴밀하게 연결되는지, 그렇게 상호 긴밀히 연결된 문법들이 글의 내용과 수준에 어떠한 영향을 미치는지 한편의 Story를 완성시켜가면서 살펴보게 됩니다.

처음에는 두 개의 단어로 구성된 20~30분 분량의 짧은 Story를 만나게 됩니다. 이후 이 짧은 Story가 길어지기 위해서 필요한 문법들을 만나고, Story의 구조도 더욱 정교해지며, 전달하고자하는 내용도 자세해지는 과정을 겪게 됩니다.

Story Writing은 Story One이 Story Two를 쓸 수 있는 바탕을 마련해줍니다. 또한 Story One과 Story Two는 Story Three를 쓸 수 있는 바탕을 마련해 줍니다.

각각의 Story가 더해갈수록 글의 길이는 길어지고, 요구되는 문법도 복잡해집니다. 단계별로 문법적 요소를 첨가해가면, 구조적으로 풍부한 한편의 Story를 완성하게 되고, 2시간 분량의 Story를 쓸 수 있는 능력을 키우도록 도와줍니다.

  Story Writing에서 문법을 요구하는 이유는 Writing과 문법과의 긴밀한 연결 관계를 느끼게 하기 위해서입니다. 각각의 Story가 더해가면서 요구되는 문법을 차례대로 공부하다보면 문법에도 어떠한 문법이 먼저이고, 어떠한 문법이 나중인지, 문법에도 순서가 있음을 느끼게 될 것입니다.

  각각의 Story를 쓰기 위해서 실생활에서 사용 비중이 높은 문법들이 소개되어 있습니다.

  여러분은 Story Writing에서 단지 Writing에만 집중할 것이 아니라, 각각의 Story마다 제시된 문법과도 친숙해 지기를 바랍니다.

  Story Writing의 가장 큰 장점은 영어문장을 체계적으로 바라볼 수 있는 시야를 지닌다는 것입니다. 영어문장을 체계적으로 관리할 수 있는 능력은 바로 Writing과 Reading에 직접적인 영향을 끼칩니다.

  Story Writing을 통해 여러분은 결국 2시간 이상의 Writing을 할 수 있는 능력을 가지게 될 것입니다. 또한 Story가 어떠한 문법적인 경로를 통해 길어졌는지를 알 수 있다면, 여러분은 틀림없이 어떠한 Writing이라도 할 수 있다는 자신감을 가지게 될 것입니다.

Composition & Character

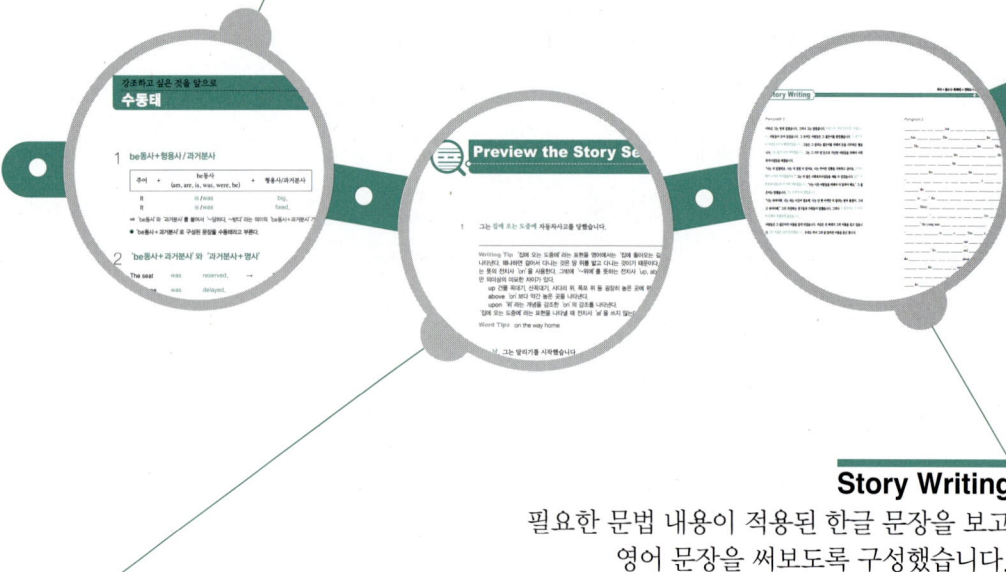

Grammar
각 Story Writing에 필요한 문법을 소개했습니다.

Story Writing
필요한 문법 내용이 적용된 한글 문장을 보고
영어 문장을 써보도록 구성했습니다.

Preview the Story Sentence
정확한 내용 전달을 위하여 적절한 어휘의 선택과 표현 방법 등의
설명이 필요한 문장을 Story에서 선별하여 소개했습니다.

Review Sentence Writing
학습한 문법을 활용하여 다양한 문장을 써보도록 구성했습니다.

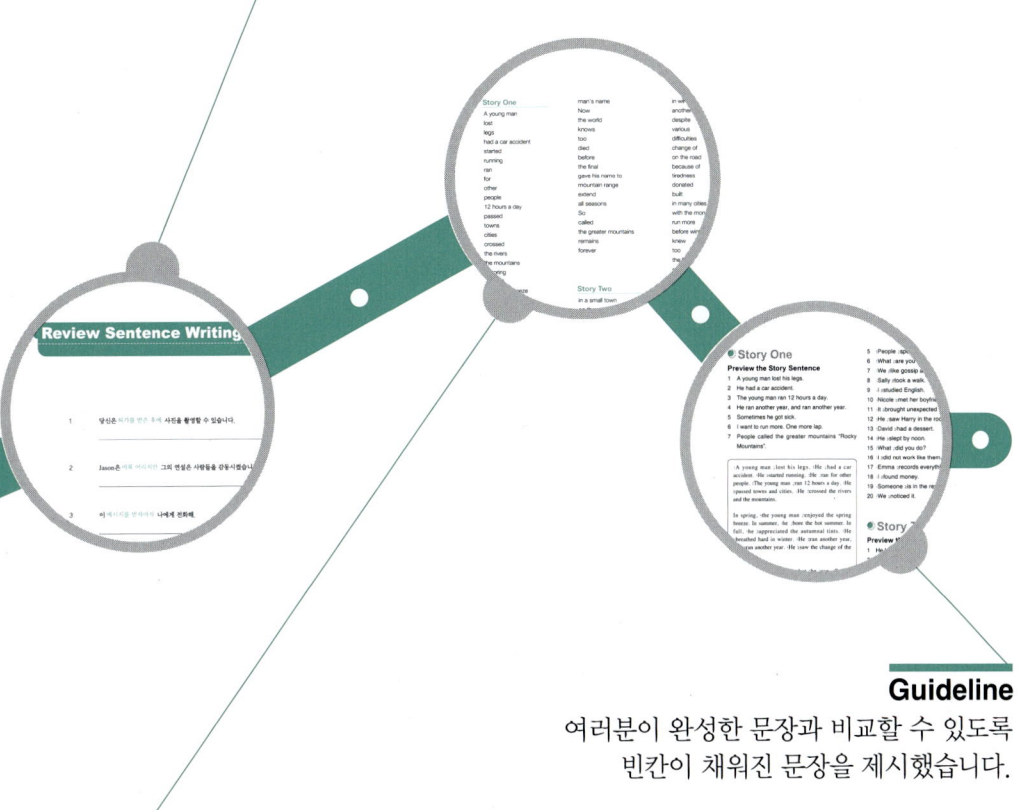

Guideline
여러분이 완성한 문장과 비교할 수 있도록
빈칸이 채워진 문장을 제시했습니다.

Word List
Story의 내용을 다시 한 번 상기할 수 있도록, 각 Story의 전개 순서에
맞추어 어휘 및 어구를 제시했습니다.

Story One

영어의 단순한 2가지 구조

Essential Part vs. Additional Part

영어의 단순한 2가지 구조
Essential Part vs. Additional Part

1 영어로 문장을 쓰고 싶다

영어로 쓰고 싶은 문장에서 가장 먼저 첫 번째(주어)와 두 번째(동사) 오는 단어를 찾아야 한다.

> 다음 한국어 문장에서 첫 번째(주어)와 두 번째(동사) 오는 단어를 살펴보자.
>
> 그들은 운전한다. → ₁그들은 ₂운전한다
> 우리는 논다.   → ₁우리는 ₂논다

> 다음 영어 문장에서 첫 번째(주어)와 두 번째(동사) 오는 단어를 살펴보자.
>
> They drive. → ₁They ₂drive
> We play.   → ₁We   ₂play

▶ 두 개의 단어로 구성된 문장에서 단어의 배치 순서는 한국어와 영어가 똑같다.

2 Essential Part vs. Additional Part

(1) Essential Part: 문장에서 첫 번째(주어)와 두 번째(동사) 오는 단어로 이루어진 부분으로 단어의 배치 순서는 한국어와 동일하며, 두 개의 단어 중 하나의 단어라도 빠지면 문법적으로 틀린 문장이 된다.

₁My friend ₂sent. (O) → My friend sent. (×)
                       → My friend sent. (×)

₁I   ₂guessed. (O) → I guessed. (×)
                        → I guessed. (×)

₁Tom   ₂knew. (O)   → Tom knew. (×)
                        → Tom knew. (×)

> 다음 한국어 문장에서 첫 번째(주어)와 두 번째(동사), 세 번째 오는 단어를 살펴보자.
>
> 그들은 자동차를 운전한다. → ₁그들은 ₃자동차를 ₂운전한다
> 나는 영어를 공부한다.   → ₁나는   ₃영어를   ₂공부한다

다음 영어 문장에서 첫 번째(주어)와 두 번째(동사), 세 번째 오는 단어를 살펴보자.

| They drive a car. | → | 1 They | 2 drive | 3 a car |
| I study English. | → | 1 I | 2 study | 3 English |

● 영어는 순서를 중요하게 여기기 때문에 첫 번째(주어)와 두 번째(동사) 오는 단어의 위치가 정해지면 세 번째 단어는 세 번째 자리에 와야 한다.

1 My friend	2 sent	3 a postcard.
1 I	2 guessed	3 the answer.
1 Tom	2 knew	3 the fact.

(2) **Additional Part**: 문장에서 첫 번째(주어)와 두 번째(동사), 세 번째(목적어) 오는 단어 이후의 부분으로 단어가 빠지더라도 문법적으로 전혀 영향을 받지 않으며, 반드시 전치사로 시작한다.

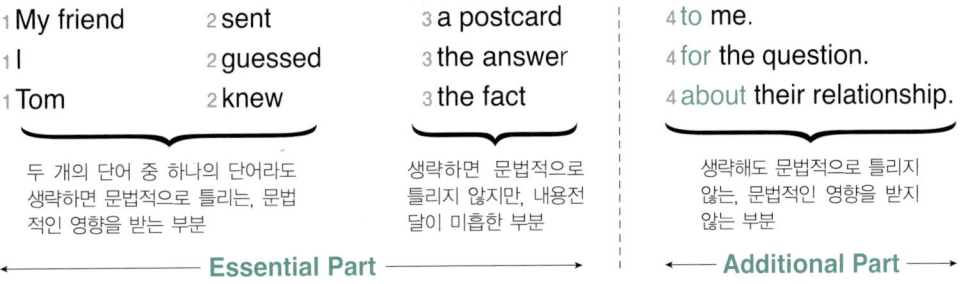

3 영어 문장을 길게 쓰고 싶다

(1) 전치사를 사용해서 영어 문장을 얼마든지 더 길게 쓸 수 있다.

₁My friend ₂sent ₃a postcard to me from Japan with the package on Monday.

(2) 영어 문장을 길게 쓰기위한 전치사는 Additional Part로 생략해도 문법적으로 전혀 영향을 받지 않는 부분이다.

My friend sent a postcard ~~to me~~ from Japan with the package on Monday. (O)
My friend sent a postcard to me ~~from Japan~~ with the package on Monday. (O)
My friend sent a postcard to me from Japan ~~with the package~~ on Monday. (O)
My friend sent a postcard to me from Japan with the package ~~on Monday~~. (O)

Preview the Story Sentence

1   한 젊은이가 그의 **다리**를 모두 잃었습니다.

Writing Tip 신체부위 중에서 쌍을 이루고 있는 부위는 일반적으로 복수형 'eyes, hands, legs, ears' 등으로 나타낸다. 그러나 사고로 부위 중 한쪽만 남아있거나, 의도적으로 한쪽만 가리키는 경우에는 'eye, hand, leg, ear' 등으로 나타낼 수 있다.

Word Tips his legs, lost

2   그는 **자동차사고를 당했습니다**.

Writing Tip 영어에는 '숙어'라는 정형화된 표현들이 있다. '자동차사고를 당하다'도 'have a car accident'라는 정형화된 표현으로 나타낼 수 있다.

Word Tips had a car accident

3   그 젊은이는 **하루에 12시간**을 달렸습니다.

Writing Tip '하루에'라는 시간의 단위는 'a day'로 나타낼 수 있다. 또한 '하루에 얼마 동안 무엇인가를 했다'라는 표현도 'a day'라는 표현을 통해 간단하게 나타낼 수 있다.
    I exercise 3 hours **a day**.   나는 하루에 3시간 운동을 한다.
    I study 5 hours **a day**.   나는 하루에 5시간 공부를 한다.

Word Tips 12 hours a day

4   그는 **일 년을 더 달렸습니다**. 그리고 또 일 년을 더 달렸습니다.

Writing Tip 세 개의 pen이 있다. 각각의 pen을 영어로 어떻게 표현하는지 살펴보자.
    one 가리키고자 하는 pen
    another 다른 하나의 pen
    the other 그 이외의 남은 pen

'일 년을 더 달렸다'를 표현할 때도 각각의 일 년을 개별적으로 판단, 올해도 달리고 내년도 달린다는 의미로 'another'를 사용한다.

I waited **another** day.   나는 또 하루를 기다렸다.
→ 어제도 기다리고, 오늘도 또 하루 더 기다렸다는 의미

10개 중에 2개를 고른 이후의 나머지 8개는 'the others' 또는 'the other 8'로 나타낸다.

Word Tips   another year

---

5   이따금 그는 병에 걸렸습니다.

___

Writing Tip   'get'은 회화와 일상적인 분위기의 writing에서 많이 쓰이는 동사로 '병에 걸리다'는 'get sick'으로 표현한다. 'get sick'의 정식적인 표현은 'is/are sick'으로, 전달하고자 하는 의미의 차이는 없다.

Word Tips   sometimes, got sick

---

6   나는 더 달리고 싶어요. 한 바퀴만 더요.

___

Writing Tip   영어에는 '숙어'라는 정형화된 표현들이 있다. '~하고 싶다'도 'want to'라는 정형화된 표현으로 나타낼 수 있다. '더 많은'은 비교급으로 'more'를 통해 나타낼 수 있으며, 뒤에 오는 명사를 수식한다.

I **want to** run one **more**.
→ 'more' 뒤에 명사 'lap'이 생략되었다. 이처럼 뒤에 쓰이는 명사가 확실한 경우에는 종종 그 명사를 생략한다.

Word Tips   want to, run more, lap

---

7   사람들은 그 거대한 산맥을 "Rocky Mountains"라고 불렀습니다.

___

Writing Tip   '~이라고 부르다'는 일반적으로 'called'로 표현하는데, 사람의 별명처럼 동격을 나타낼 때 주로 사용한다.

People **called** me, Juice.   사람들은 나를 Juice라고 불렀다.

동사 'called'는 '전화하다'라는 뜻으로도 상용화되어 일상 표현에서 많이 쓰인다.

He **called** me several times.   그는 나에게 여러 번 전화했다.

Word Tips   called, the greater mountains

> Go on to the 104 page →

Story Writing

Paragraph 1

1한 젊은이가 그의 다리를 모두 2잃었습니다. 1그는 자동차사고를 2당했습니다. 1그는 달리기를 2시작했습니다. 1그는 다른 사람들을 위해서 2달렸습니다. 1그 젊은이는 하루에 12시간을 2달렸습니다. 1그는 마을과 도시를 2지났습니다. 1그는 강과 산을 2건넜습니다.

Paragraph 2

봄이면 1그 젊은이는 봄바람을 2즐겼습니다. 여름이면 1그는 무더운 여름을 2견뎠습니다. 가을이면 1그는 가을단풍을 2감상했습니다. 겨울에는 거친 2숨을 몰아쉬었습니다. 1그는 일 년을 더 2달렸습니다. 그리고 또 일 년을 더 2달렸습니다. 1그는 계절의 변화를 2보았습니다.

주어 + 동사 (+ 목적어)

Paragraph 1

A _____ _____ _____ his _____. He _____ a _____ _____. He _____ _____. He _____ for _____ people. The _____ _____ _____ 12 _____ a _____. He _____ _____ and _____. He _____ the _____ and the _____.

Paragraph 2

_____ _____, the young man _____ the _____ _____. _____ _____, he _____ the _____ _____. In fall, he _____ the _____ _____. He _____ _____ _____ _____. He _____ _____ _____, and _____ _____ year. He _____ the _____ _____ the _____.

Go on to the 104 page

Story Writing

Paragraph 3

이따금 ₁그는 병에 ₂걸렸습니다. 그러나 ₁그는 ₂달렸습니다. ₁사람들은 돈을 ₂기부했습니다. ₁그는 그 돈으로 사회복지시설들을 ₂세웠습니다.
"₁나는 더 ₂달리고 싶어요. 한 바퀴만 더요."
₁사람들은 그 젊은이의 이름을 ₂알게 되었습니다. 지금은 ₁전 세계가 그의 이름을 ₂알고 있습니다. ₁우리도 역시 그의 이름을 ₂알고 있습니다.

Paragraph 4

₁그 청년은 마지막 한 바퀴 전에 ₂숨을 거두었습니다. ₁사람들은 산맥에 그의 이름을 ₂붙였습니다. ₁그 산맥은 5,000킬로미터나 ₂뻗어있습니다. ₁그 산맥은 4계절을 ₂가지고 있습니다.
₁그 젊은이의 이름은 "Rocky"₂였습니다. 그래서 ₁사람들은 그 거대한 산맥을 "Rocky Mountains"라고 ₂불렀습니다. ₁그의 이름은 영원히 ₂남게 되었습니다.

Paragraph 3

_____ he _____ _____ , but he _____ . People _____

_____ . He _____ _____ _____ _____

_____ the _____ .

"I _____ _____ run _____ . _____ _____ lap."

People _____ the _____ _____ _____ . _____ the world _____ _____ _____ . We _____ his _____ , _____ .

Paragraph 4

The young man _____ _____ the _____ _____ . People

_____ his _____ _____ a _____ _____ . The

_____ _____ 5,000 _____ . The _____

_____ has ____ _____ .

The _____ _____ 's name _____ " _____ ". _____ , people

_____ the _____ _____ "Rocky Mountains". _____ name

_____ _____ .

Go on to the 104 page

Review Sentence Writing

1 ₁Harry는 그것을 ₂끝마쳤습니다.
_____

2 ₁그녀는 화장을 ₂고쳤습니다.
_____

3 ₁나는 통지를 ₂받았다.
_____

4 ₁그는 메일을 ₂받았습니다.
_____

5 ₁사람들은 여가 시간을 위하여 돈을 ₂씁니다.
_____

6 ₁너는 뭘 ₂할 거니?
_____

Word Tips 1. finished 2. fixed, make-up 3. received 4. got 5. spend, leisure time 6. going to

7 ₁우리는 텔레비전 연예인들에 대한 소문을 ₂좋아합니다.
_____

8 ₁Sally는 산책을 ₂했습니다.
_____

9 ₁나는 영어를 ₂공부했다.
_____

10 ₁Nicole은 남자친구를 ₂만났습니다.
_____

11 ₁그것은 예상 밖의 결과를 ₂가져왔습니다.
_____

12 ₁그는 방 안에 있는 Harry를 ₂보았습니다.
_____

13 ₁David는 후식을 ₂먹었습니다.
_____

14 ₁그는 정오까지 ₂잤습니다.
_____

Word Tips 7. gossip, TV entertainers 8. a walk 9. studied 10. boyfriend 11. unexpected 12. in the room 13. had 14. by noon

15   ₁너는 뭘 ₂했니?
_____

16   ₁나는 그들처럼 ₂일하지 않았습니다.
_____

17   ₁Emma는 모든 것을 ₂기록합니다.
_____

18   ₁나는 돈을 ₂찾았다.
_____

19   화장실에 ₁누군가 ₂있습니다.
_____

20   ₁우리는 그것을 ₂알아차렸습니다.
_____

Go on to the 104 page

Word Tips 15. did you   16. like them   17. records   18. found   19. in, restroom   20. noticed

Story Two

Writing에 있어서 생명과도 같은 존재

전치사

Writing에 있어서 생명과도 같은 존재
전치사

1 문장의 이상적인 단어 배열

한국어를 영어로 옮길 때 미세한 감정전달까지는 힘들지만, 정확한 단어의 배열만으로도 의미 전달은 가능하다.

← Essential Part →	← Additional Part →
명사(주어) 동사 명사(목적어)	전치사 + 명사
↓ ↓ ↓	↓ ↓
1 You 2 study 3 English	4 with 5 your friend.

2 전치사의 위치

(1) Essential Part 뒤, 즉 첫 번째(주어)와 두 번째(동사), 세 번째(목적어) 오는 단어로 이루어진 부분이 끝나는 문장의 뒤에 주로 위치한다.

1 The restaurant 2 offers 3 a good salad 4 with other food.

(2) 명사의 뒤에 쓸 수 있다.

1 The [restaurant] by(next to) our [office] across the street 2 offers 3 a good [salad]
　　　　명사　　　　　　　　　　　명사　　　　　　　　　　　　　　　　　　　　　명사
with other [food].
　　　　　명사

3 전치사의 성격

(1) 문장을 길게 쓰는데 결정적인 역할을 한다.

1 The restaurant by(next to) our office across the street 2 offers 3 a good salad
　　　　　　　　　～옆에　　　　　　　　　～을 건너

with other food for people in the town after 2p.m. from Monday to Thursday.
～와 함께　　～을 위하여　～안에　　　　　～뒤에　　　～로부터　　～까지

(2) Additional Part로 생략해도 문법적으로 전혀 영향을 받지 않는다.

₁The restaurant by(next to) our office across the street ₂offers ₃a good salad with other food for people in the town after 2p.m. from Monday to Thursday.

4

- 평균 점수 아래 : below the average score

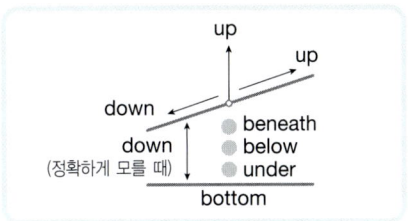

- 얇은 종이 밑에 : beneath the thin paper
- 길 아래에서 : down the street
- 정문 옆에 : next to / by / beside the main entrance
  * next to는 바로 붙어있는 옆으로, by보다 더 가까운 옆을 나타낸다.
- 나무 사이에 : between / among the trees
  * between은 '둘 사이'를 나타내며, among은 '셋 이상 사이'를 나타낸다.
- 상상을 넘어서 : beyond our imaginations

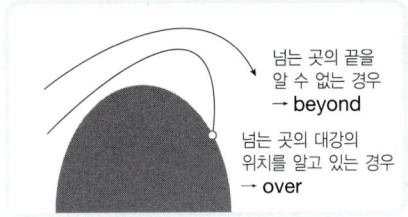

- 언덕 넘어서 : over the hill
- 어려움에도 불구하고 : despite difficulties
- 여인의 향기 : the scent of a woman
- 너를 위해서 : for you
- 10년 동안 : for 10 years
- 봄 방학 동안에 : during the spring vacation
  * 뒤에 숫자를 쓸 수 없으며, 주로 과거의 '동안에'를 나타낸다.

Writing에 있어서 생명과도 같은 존재 전치사

- 과거로부터: from the past
- 2007년에(년도): in 2007
- 겨울에(계절): in the winter
- 10월에(달): in October
- 현재에: in the present
  과거에: in the past
  미래에: in the future
- 아침에: in the morning
  오후에: in the afternoon
  저녁에: in the evening
  * 밤에: at night
- 21세기에: in the 21 century
- 회의실 안에: in the meeting room
  내 마음 속에: in my mind
  사진 속에: in the picture
- 너의 직장에서: at your work
- 12시에(시간): at 12 o'clock
- 방 안으로: into the room

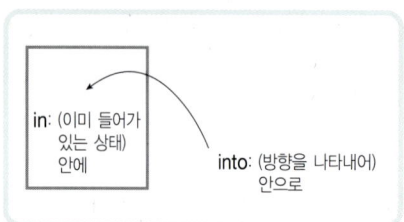

- 그 구역 안에: within the area

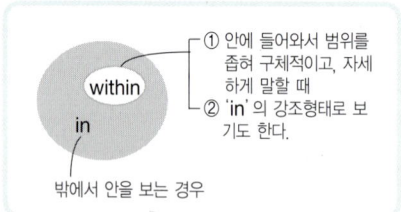

- 몇 년 안에: within a few/several years
  * 'several'은 '7~8' 정도를 나타내며, 'a few'는 '3~4' 정도를 나타낸다.

- 그 길을 가로질러서: across the street
- 팔위에: on my arm
  무대 위에: on the stage
- 수요일에(요일): on Wednesday
  * 수요일 아침에: on Wednesday morning
- 2006년 12월 31일에: on December 31st, 2006
- 일몰 전에: before sunset
- 베일 뒤에서: behind a veil
- 나의 일에서 떠나서 / 벗어나: off my work
- 내 주위에: around me
- 안내소 근처에: near the information desk
- 나의 마음과 함께: with my heart
- 그의 돈을 가지고: with his money
- 아무런 걱정 없이: without any worries
  * with(~을 가지고/~와 함께) + out(밖으로 쏟아 버린)

Preview the Story Sentence

1   그는 집에 오는 도중에 자동차사고를 당했습니다.

___

Writing Tip '집에 오는 도중에' 라는 표현을 영어에서는 '집에 돌아오는 길 위에' 라는 의미로 나타낸다. 왜냐하면 걸어서 다니는 것은 땅 위를 밟고 다니는 것이기 때문이다. 따라서 '~위에' 라는 뜻의 전치사 'on' 을 사용한다. 그밖에 '~위에' 를 뜻하는 전치사 'up, above, upon' 이 있지만 의미상의 미묘한 차이가 있다.
    up 건물 꼭대기, 산꼭대기, 사다리 위. 폭포 위 등 굉장히 높은 곳에 위치한 상태를 나타낸다.
    above 'on' 보다 약간 높은 곳을 나타낸다.
    upon '위' 라는 개념을 강조한 'on' 의 강조를 나타낸다.
'집에 오는 도중에' 라는 표현을 나타낼 때 전치사 'at' 을 쓰지 않는다는 점에 주의하자.

Word Tips on the way home

2   어느 날, 그는 달리기를 시작했습니다.

___

Writing Tip '어느 날' 을 나타내는 표현은 주로 'Someday' 또는 'One day' 두 가지로 많이 나타낸다. 하지만 'Someday' 는 '미래의 어느 날' 을 의미하며, 'One day' 는 '과거의 어느 날' 을 의미한다.

Word Tips One day, running

3   그는 강과 산을 건넜습니다.

___

Writing Tip 동사 'cross(~을 건너다, ~을 가로지르다)' 와 전치사 'across(~을 건너서, ~을 가로질러)' 를 혼동하는 경우가 적지 않다. 모양은 비슷하지만, 전혀 다른 문법이므로 분명히 구별해서 써야한다.

Word Tips crossed, the rivers and the mountains

4   가을이면, 그는 산 너머 가을 단풍을 감상했습니다.

___

Writing Tip 전치사 'in'은 '계절, 연도, 달, 시간의 흐름, 시간대'를 나타내는 단어 앞에 쓴다.
in 2006, in July, in the morning, in the 21st century

Word Tips In fall, appreciated, the autumnal tints, over

5 그는 길 위에서 계절의 변화를 보았습니다.

Writing Tip 전치사 'of'는 강조의 의미를 지니고 있다. 따라서 전치사 'of' 앞·뒤의 명사도 강조된다. 명사를 강조하는 정관사 'the'의 용법을 살펴보자.
　강조 강조하고 싶은 명사 앞에 정관사 'the'를 붙인다.
　반복 앞에서 언급되었던 명사가 뒤에서 다시 반복되어 언급될 때 반복되는 명사 앞에 정관사 'the'를 붙인다.
　공공개념 여러 사람이 함께 사용하는 물건, 장소, 기관 등 공공개념의 명사 앞에 정관사 'the'를 붙인다.
전치사 'of'가 강조의 의미를 지니고 있기 때문에, 전치사 'of' 앞·뒤에 쓰인 명사도 강조되어 명사 앞에 정관사 'the'를 붙이거나, 아니면 어느 한쪽 명사에만 정관사 'the'를 붙인다.

Word Tips the change of the season, on the road

6 이따금 그는 피곤함 때문에 병에 걸렸습니다.

Writing Tip '절'은 '문장'으로 '주어'와 '동사'가 반드시 포함되어 있다. '구'란 '동사'를 포함하고 있지 않은, 단어로만 이루어진 상태를 말한다. '구'의 길이가 아무리 길더라도 절대로 '문장' 즉, '절'이 될 수 없다.
'~때문에'를 나타내기 위해 'because of'를 선택했다면, 뒤에 '구'의 형태가 이어져야한다. 반면, 'because'를 선택했다면, 뒤에 '절'의 형태가 이어져야한다. 'because of'는 전치사이고, 'because'는 부사절을 이끄는 부사이기 때문이다.

Word Tips Sometimes, got sick, because of his tiredness

7 그의 이름은 사람들의 마음속에 영원히 남게 되었습니다.

Writing Tip '마음'을 뜻하는 단어 'heart'와 'mind'는 의미상 미묘한 차이가 있다.
　I love you with my **heart**. 나는 '감정(feeling)'에 초점을 두고 너를 좋아한다는 의미
　I love you with my **mind**. 나는 '이성(thinking)'에 초점을 두고 따질 것은 따지고 너를 좋아한다는 의미

Word Tips remains, in people's heart

Story Writing

Paragraph 1

작은 시골마을에 한 젊은이가 그의 다리를 모두 잃었습니다. 그는 집에 오는 도중에 자동차 사고를 당했습니다. 그 젊은이는 오랫동안 집에 누워있었습니다. 어느 날, 그는 달리기를 시작했습니다. 그는 다른 사람들을 위해서 달렸습니다. 그 젊은이는 도움 없이 하루에 12시간을 달렸습니다. 그는 마을과 도시를 지났습니다. 그는 강과 산을 건넜습니다.

Paragraph 2

봄이면 그 젊은이는 봄바람을 즐겼습니다. 여름이면 그는 길 위에서 무더운 여름을 견뎠습니다. 가을이면 그는 산 너머 가을단풍을 감상했습니다. 겨울에는 거친 숨을 몰아쉬었습니다. 그는 여러 가지 어려움에도 불구하고 일 년을 더 달렸습니다. 그리고 또 일 년을 더 달렸습니다. 그는 길 위에서 계절의 변화를 보았습니다.

주어 + 동사 (+ 목적어) + 전치사

Paragraph 1

_____ young man _____ a _____ _____ _____ his _____. He _____ a _____ _____ _____ the _____ _____. The young man _____ _____ _____ home _____ a _____ _____. _____ _____, he _____ _____. He ran _____ _____ _____. The _____ _____ ran _____ _____ a _____ _____ help. He _____ towns _____ _____. He _____ the _____ and _____ _____.

Paragraph 2

_____ _____, the young man _____ the _____ _____. _____ _____, he _____ the _____ _____ _____ the _____. _____ _____, he _____ the _____ _____ _____ the _____. He _____ _____ in _____. He ran _____ _____, and ran _____ _____ _____ various _____. He _____ the _____ _____ _____ _____ _____ the road.

Go on to the 104 page

Story Writing

Paragraph 3

이따금 그는 피곤함 때문에 병에 걸렸습니다. 그러나 그는 달렸습니다. 사람들은 그를 위해서 돈을 기부했습니다. 그는 그 돈으로 여러 도시에 사회복지시설들을 세웠습니다.
"나는 더 달리고 싶어요. 겨울 전에 한 바퀴만 더요."
사람들은 그 젊은이의 이름을 알게 되었습니다. 지금은 전 세계가 그의 이름을 알고 있습니다. 우리도 역시 그의 이름을 알고 있습니다.

Paragraph 4

그 청년은 마지막 한 바퀴 전에 숨을 거두었습니다. 그에 가까운 사람들은 산맥에 그의 이름을 붙였습니다. 그 산맥은 멕시코에서부터 캐나다까지 달리고 있습니다. 그 산맥은 대륙을 가로질러 5,000킬로미터나 뻗어있습니다. 그 산맥은 북쪽에서부터 남쪽까지 4계절을 가지고 있습니다.
그 젊은이의 이름은 "Rocky"였습니다. 그래서 사람들은 그 거대한 산맥을 "Rocky Mountains"라고 불렀습니다. 그의 이름은 사람들의 마음속에 영원히 남게 되었습니다.

Paragraph 3

_____ he _____ sick _____ ____ his _____,

_____ he _____. People _____ money _____ him. He

_____ _____ _____ _____ ____ many _____

_____ the _____.

"I _____ _____ run _____. One _____ _____ _____

winter."

_____ _____ the _____ _____ ' ____ _____. _____

_____ _____ _____ his name. _____ _____ his

_____, _____.

Paragraph 4

_____ _____ man _____ _____ the _____ _____.

People _____ him _____ _____ _____ ____ a _____

range. The _____ run _____ Mexico _____ Canada. The

mountains _____ 5,000 _____ _____ the _____.

The _____ _____ has ____ _____ _____ _____

north ____ _____ _____. The young man's name ____ " _____ ".

____, people _____ the _____ _____ "Rocky Mountains".

_____ _____ _____ _____ in _____'s _____.

Review Sentence Writing

1 누군가 밤에 늦게 나에게 전화했습니다.
   _____

2 문 앞에 있는 그 남자는 Tony입니다.
   _____

3 우리는 월요일부터 금요일까지 개방합니다.
   _____

4 나는 눈에 먼지가 들어갔다.
   _____

5 테이블 위에 있는 그 돈은 나의 것이다.
   _____

6 20분 안에, 우리는 그 일을 끝마쳤습니다.
   _____

Word Tips 1. late, at 2. in front of 3. from, to 4. through 5. on, mine 6. In, job

7   그들은 10분 안에 탈출했습니다.
    _____

8   사무실에 있는 그 의사가 나를 검사했습니다.
    _____

9   그는 책장 뒤에 무엇인가를 감추고 있었습니다.
    _____

10 그녀는 여전히 나의 마음속에 있습니다.
    _____

11 그 학생들은 입학시험을 준비합니다.
    _____

12 그 책 안에 있는 몇몇 단어는 어렵습니다.
    _____

13 나는 나의 남동생과 매일 아침에 운동을 합니다.
    _____

14 요즈음에 많은 사람들이 집에서 일을 하고 있습니다.
    _____

Word Tips 7. escaped, within   8. in, examined   9. was hiding, behind   10. still, heart   11. prepare for, entrance   12. vocabulary, difficult   13. exercise, every, with   14. are working, at, these days

15 나는 엉뚱한 버스 정류장에서 버스를 내렸습니다.
_____

16 나의 친구와 나는 오후 1시쯤 벼룩시장을 방문했습니다.
_____

17 우리는 여름 휴가동안 홍콩에 갔습니다.
_____

18 그녀는 그녀의 카메라를 버스 안에 놓고 갔습니다.
_____

19 우리는 그 거리를 구경했습니다.
_____

20 그의 이름이 혀끝에서 맴돈다.
_____

Go on to the 105 page

Word Tips 15. got off, wrong stop   16. flea market, around   17. went, during, holidays   18. left, in
19. looked around   20. on, tip of, tongue

Story Three

동사를 도와주는 동사
조동사

조동사
동사를 도와주는 동사

1 조동사의 정의

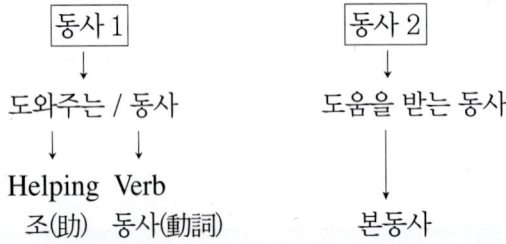

(1) 조동사의 위치: 도움을 주는 본동사의 앞에 위치

(2) 조동사의 역할: 본동사를 도와주는 역할

I may go.(O)
I should go.(O) → 조동사 삭제 → I go.(O)

▶ 조동사는 문법에 영향을 받지 않는 부분으로 영어 문장을 더 길고, 수준 높게 쓰는데 필요한 문법 중의 하나이다.

2 조동사의 종류

(1) may: ~할지도 모른다(50%확률)
    might: ~할지도 모른다(20~30% 확률)

(2) should: ~해야만 한다(가벼운 의무)
    ought to: ~해야만 한다(가벼운 의무, 정식의 표현)

(3) had better: ~하는 편이 낫다(위에서 아래로 또는 친구들 사이의 충고)
    You had better go there. 당신이 안 가면 나중에 안타까울 것이라는 의미

(4) have to: 반드시 ~해야만 한다 ⎤ 과거형 'had to'
    must: (강한 어조) 죽어도 ~해야만 한다 ⎦

You have to go there. 당신이 안 가면 나중에 손해 본다는 의미
= You have got to go there.
You must go there. 당신이 안 가면 나중에 손해보고, 후회하게 된다는 의미

(5) can: ~할 수 있다(90%의 능력)
could: (한번 시도해 봐야겠지만) ~할 수 있다(60~70%의 능력), ~할 수 있었다(can의 과거형), can의 공손한 표현

I could try latter. 미래의 60~70%의 확률을 의미
I could try before. ~할 수 있었다(can의 과거형)

Can you pass me the salt? 상대방의 능력을 90% 기대, 부담이 큼
Could you pass me the salt? 상대방의 능력을 60~70% 기대, 부담이 낮음

(6) can: ~할 수 있다(90%의 능력, 해보겠다는 의지가 강함)
be able to: ~할 수 있다(100%의 능력, 자신 있는 능력으로 약속에 가까운 의미)

I am able to solve the problem. 못했을 경우, 거짓말 한 것이 됨
I can solve the problem. 못했을 경우, 최선을 다했지만 못했다는 의미

(7) will: 미래의 의지(90%의 의지)
would: 미래의 의지(60~70%의 의지), will의 공손한 표현

Will you pass me the salt? 상대방의 의지를 90% 기대, 심리적 부담이 큼
Would you pass me the salt? 상대방의 의지를 60~70% 기대

(8) would: ~하곤 했었다(단기간 어느 정도 규칙적이고, 반복적인 습관)
used to: ~하곤 했었다(장기간 상당히 규칙적이고, 반복적인 습관)

I would study English.
I used to study English. 장기간 상당히 규칙적인 습관이므로 영어를 더 잘 거라고 생각

(9) will: (미래에 대한 계획, 의지, 작정) ~할 예정이다, 문득 생각난 확실하지 않은 미래
be going to: (미래에 대한 계획, 의지, 작정) ~할 예정이다, 이미 계획되어 있던 미래

I will see the movie with my friends. 계획된 일이 아닌, 문득 생각나서 친구와 영화를 보겠다는 의미
I am going to see the movie with my friends. 이미 계획된 친구와 영화를 보겠다는 의미

(10) be supposed to: ~하기를 추측 당하다, 기대 당하다(가벼운 권유)
be to: 'be supposed to'의 강조의 표현(사용빈도가 낮다)

You are supposed to attend a meeting.
You are to attend a meeting. 안 가면 안 된다는 강한 표현

Preview the Story Sentence

1   그는 의족을 차고 **달릴 수 있었습니다**.

       Writing Tip   능력과 가능성을 나타내는 조동사는 그 정도에 따라 'can, could, be able to'로 구분하여 사용한다.
           can 90% 정도의 능력
           could 60~70%정도의 능력
           be able to 거의 100%에 가까운 완전한 해결 능력
       조동사의 위치는 일반 동사 앞으로 정해져 있으며, 조동사 뒤에는 항상 동사의 원형이 온다.

       Word Tips   could, with the artificial legs

2   그는 강과 산을 **건너곤 했습니다**.

       Writing Tip   과거의 반복적이고, 규칙적인 습관을 나타내는 조동사 'would'와 'used to'는 모두 '~하곤 했다'의 뜻을 가지고 있지만, 'used to'가 'would'보다 훨씬 더 반복적이고, 규칙적이며, 장기간에 걸쳐 일어난 행동들을 의미하는 미묘한 차이가 있다.

       Word Tips   used to, cross

3   그는 그 **돈으로** 사회복지시설들을 세웠습니다.

       Writing Tip   돈을 사용해야 할 경우, 우리말에서는 '돈으로'라고 표현한다. 하지만 '돈을 가지고'가 정확한 표현이다. 종종 실수를 많이 하는 부분으로, 전치사 'with'와 'by'를 혼동하는 것이다. 전치사 'with'는 '소유'의 의미지만, 전치사 'by'는 '방법/교통수단'을 나타내는 의미가 강하다. '돈으로'를 'by money'로 표현하면, 'by taxi, by subway'처럼 돈과 내가 함께 움직인다는 의미로 전달될 수 있다.

       Word Tips   built, social welfare facilities, with the money

4   나는 다른 사람들을 위해서 더 달려**야 해요**.

Writing Tip 동사 'have'는 여러 의미로 사용되는 대표적인 단어이다.
- have + 명사: '가지다, 먹다'
- have + 사람과 동사원형: 사역동사로 '시키다'
- have + to: 조동사로 '반드시 ~해야 한다'
- have + 과거분사: '현재까지 ~했다'라는 현재완료형

이처럼 동사 'have'가 다양한 의미로 활용 빈도가 높다보니 반복을 싫어하는 영어권 사람들이 'have'의 대용으로 'have got'을 사용하게 되었다. 결국 'have'와 'have got'은 같은 단어이며, 조동사 'have to'가 정식의 표현이라면, 'have got to'는 약식의 표현으로 생각하면 된다.

Word Tips have got to, for other peopl

5   너는 쉬어야 해.

Writing Tip 'should, have to, must, be supposed to' 등은 충고나 의무를 나타내는 조동사로 'be supposed to'는 약간의 차이점이 있다.
- **should, have to, must** 내가 중심이 되어서 판단할 때 하는 충고나 의무
  → You **must not** sit there.
- **be supposed to** 다른 사람들의 입장에서 판단할 때 하는 충고나 의무
  → You **are not supposed to** sit there.

Word Tips are supposed to, take a rest

6   사람들은 산맥에 그의 이름을 붙이는 편이 좋다고 생각했습니다.

Writing Tip 조동사 'had better'는 상대방이 더 잘되었으면 하는 바람이 깃든 표현으로, 주로 윗사람이 아랫사람에게 사용한다. 간혹 'must, have to'와 같은 강한 충고의 말을 쓰고 싶지 않은 경우, 완곡하게 돌려서 충고할 때 쓰이기도 한다.

Word Tips had better, a mountain range

7   그 산맥은 5,000 킬로미터나 뻗어 있습니다.

Writing Tip 동사 'extend'는 '길이를 연장하다'라는 뜻으로, 'expand, enlarge'와 혼동하는 경우가 적지 않다.
- **expand** 상하좌우 입체적인 느낌을 가지고 커지는 공간적 개념의 확장을 나타낸다.
- **enlarge** 사이즈가 커지는 것을 나타낸다.
  → I **enlarge** the pictures.

Word Tips the mountain, extend

Story Writing

Paragraph 1

작은 시골마을에 한 젊은이가 그의 다리를 모두 잃을지도 몰랐습니다. 그는 집에 오는 도중에 자동차사고를 당했습니다. 그 젊은이는 오랫동안 집에 누워있었습니다. 그는 의족을 차야했습니다. 그는 의족을 차고 달릴 수 있었습니다. 그는 다른 사람들을 위해서 달릴 계획이었습니다. 그 젊은이는 도움 없이 하루에 12시간을 달릴 수 있었습니다. 그는 마을과 도시를 지나곤 했습니다. 그는 강과 산을 건너곤 했습니다.

Paragraph 2

봄이면 그 젊은이는 봄바람을 즐겼습니다. 여름이면 그는 길 위에서 뜨거운 여름을 견뎌야 했습니다. 가을이면 그는 산 너머 가을단풍을 감상하곤 했습니다. 겨울에는 거친 숨을 몰아쉬어야했습니다. 그는 일 년을 더 달릴 수 있었습니다. 그는 2년 반을 달렸습니다. 그는 길 위에서 계절의 변화를 볼 수 있었습니다.

주어 + 동사 (+ 목적어) + 전치사 + **조동사**

Paragraph 1

____ _____ man ____ a _____ town _____ _____ his _____. He _____ a _____ _____ ____ the _____ _____. _____ _____ man _____ _____ ____ home _____ ____ _____ _____. He _____ ____ _____ _____ legs. He _____ run _____ _____ _____ _____. He _____ _____ _____ run _____ _____ people. The _____ _____ _____ run _____ _____ _____ _____ help. He _____ ____ _____ _____ _____ cities. He _____ ____ _____ the _____ and _____ _____.

Paragraph 2

____ _____, _____ _____ ____ _____ the _____ _____. _____ summer, he _____ _____ the _____ _____ ____ _____. _____ _____, he _____ _____ the _____ _____ _____ the _____. He _____ to _____ _____ _____ winter. He _____ _____ run _____ _____ _____. He ran _____ _____ a _____ _____. He _____ _____ the _____ ____ _____ _____ _____ the road.

Go on to the 105 page

Story Three_조동사

Story Writing

Paragraph 3

이따금 그는 피곤함 때문에 병에 걸렸습니다. 그러나 그는 달렸습니다. 사람들은 그를 위해서 돈을 기부하곤 했습니다. 그는 그 돈으로 여러 도시에 사회복지시설들을 세웠습니다. "나는 더 달릴래요. 나는 더 달릴 수 있어요." 그는 더 많은 사회복지시설들을 세울 수 있었습니다. "나는 다른 사람들을 위해서 더 달려야 해요." 그 젊은이는 말했습니다.
"너는 쉬어야해. 너는 단 한 바퀴만 더 달리는 편이 좋겠어. 그리고 쉬어야해." 그의 친구들과 가족들이 말했습니다.
사람들은 그 젊은이의 이름을 알게 되었습니다. 지금은 전 세계가 그의 이름을 알고 있습니다. 우리도 역시 그의 이름을 듣곤 합니다.

Paragraph 3

_____ he _____ sick _____ _____ his _____, but he _____. _____ _____ _____ _____ money for _____. He _____ _____ _____ _____ _____ many _____ _____ the _____.

"I _____ _____ _____. I _____ run _____." He _____ _____ _____ _____ _____ facilities. "____ _____ _____ ____ run _____ for _____ _____," the _____ _____ _____.

"You _____ _____ _____ _____ a _____. You _____ _____ run _____ _____ more _____. And _____ _____ _____ rest," _____ _____ and family _____.

People _____ the _____ _____'s _____. _____ the _____ _____ _____ name. _____ _____ _____ _____ his name, _____.

Story Writing

Paragraph 4

그 청년은 마지막 한 바퀴 전에 숨을 거두었습니다. 그에 가까운 사람들은 산맥에 그의 이름을 붙이는 편이 좋다고 생각했습니다. 그 산맥은 멕시코에서부터 캐나다까지 달리고 있습니다. 그 산맥은 5,000킬로미터나 뻗어있기 때문에, 그 산맥은 4계절을 가지고 있을 수 있습니다.

그 젊은이의 이름은 "Rocky"였습니다. 그래서 사람들은 그 거대한 산맥을 "Rocky Mountains"라고 불렀습니다. 그의 이름은 사람들의 마음속에 영원히 남을 수 있게 되었습니다.

Paragraph 4

_____ _____ man _____ _____ the _____ _____. People _____ _____ _____ they _____ _____ _____ his name _____ a _____ _____. The _____ _____ _____ _____ _____ Canada. _____ the mountains _____ _____ _____, the mountain _____ _____ _____ _____ _____. _____ _____ _____' __ name _____ "Rocky". _____, _____ _____ the _____ _____ " _____ _____". _____ _____ _____ _____ _____ _____ people's _____.

Go on to the 120 page

Review Sentence Writing

1   내가 너의 방에 들어가도 될까?

2   나는 시험 전에 그 약을 먹어야했습니다.

3   우리는 온밤을 꼬박 지새우곤 했습니다.

4   우리는 월요일에 회의를 열어야합니다.

5   우리는 그곳에 늦게 도착할 지도 모릅니다.

6   이 조리법으로 너는 맛있는 쿠키를 만들 수 있어.

Word Tips 1. May, in   2. had to, pill, before   3. used to, stay up   4. should, on   5. may/might arrive
6. can, delicious, with, recipe

7 나는 2시까지 메일을 보내야해.
_____

8 그것이 얼마정도 될까요?
_____

9 그것이 너를 다치게 할 수도 있어.
_____

10 나는 너에게 말하지 않는 편이 좋겠어.
_____

11 나는 이것을 꼭 해야겠어.
_____

12 그가 거기서 나를 기다리고 있을 거야.
_____

13 그의 일을 통해서 그는 그의 재능을 증명해야합니다.
_____

14 나는 지금 집으로 가는 편이 좋겠어.
_____

Word Tips 7. am supposed to, send, by 8. much, would 9. could, hurt 10. had better, not 11. must 12. is going to, for 13. should, prove, through 14. had better(='d better)

15   Caroline은 이 계획을 끝마칠 능력이 있습니다.
_____

16   너는 이것에 대해서 주의해야해.
_____

17   그는 과거에 실수를 하곤 했습니다.
_____

18   나도 선생님에게 같은 것을 물어보려고 했어.
_____

19   이제 우리 커피숍으로 갈까?
_____

20   나는 너를 끝까지 따라갈게.
_____

Word Tips 15. is able to, project 16. must, careful 17. would/used to, make 18. was going to, same thing, to 19. shall, to 20. follow, until, end

Story Four

동사의 형용사화
과거분사 & 현재분사

동사의 형용사화
과거분사 & 현재분사

1 과거분사

(1) 동사의 과거형

동사		과거동사	동사		과거동사
요리하다		요리했다	cook		cooked
청소하다	+ '~ㅆ다' →	청소했다	clean	+ '-ed' →	cleaned
밀다		밀었다	push		pushed

(2) 동사의 형용사화

동사		형용사화	동사		형용사화
요리하다		요리당한	cook		cooked
청소하다	+ '~당한' →	청소당한	clean	+ '-ed' →	cleaned
밀다		밀림당한	push		pushed

(3) 과거동사 '~ㅆ다' 와 형용사 '~당한' 의 구별 : 형용사는 항상 뒤에 명사를 가진다.

cooked food 요리된 음식   cleaned room 청소된 방
pushed people 밀린 사람   fixed doors 고쳐진 문

(4) 형용사 '~당한' 의 이름

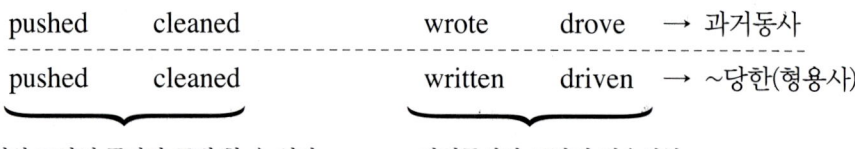

| pushed | cleaned | wrote | drove | → 과거동사 |
| pushed | cleaned | written | driven | → ~당한(형용사) |

과거동사와 모양이 똑같아 구별 할 수 없다.   과거동사와 모양이 비슷하다.

➡ '~당한' 의 의미를 지닌 형용사를 만들기 위해서 과거동사의 spell을 참조했음을 알 수 있다.

과거동사의 부분으로 만들어진 형용사
↓   ↓   ↓
Past Part i ciple

▶ 과거분사는 형용사의 또 다른 이름으로 형용사를 빼고, 그 자리에 과거분사를 넣을 수 있다.

2 현재분사

(1) 동사의 형용사화

동사		형용사화	동사		형용사화
요리하다		요리하는	cook		cooking
밀다	+ '~하는' →	미는	push	+ '-ing' →	pushing
청소하다		청소하는	clean		cleaning

(2) 형용사 '~하는' 의 이름

➡ '~하는'의 의미를 지닌 형용사를 만들기 위해서 현재동사에 '-ing'를 붙였음을 알 수 있다.

현재동사가 부분이 되어서 만들어진 형용사
↓   ↓   ↓
Present Part i ciple

▶ 현재분사는 형용사의 또 다른 이름으로 형용사를 빼고, 그 자리에 현재분사를 넣을 수 있다.

Preview the Story Sentence

1   한 젊은이가 그의 다친 다리를 잃을지도 몰랐습니다.

___

Writing Tip '~일지도 모르다'는 추측을 나타내는 조동사 'may'와 'might'는 의미상의 미묘한 차이점이 있다. 바로, 추측하는 확신의 정도가 다르다는 것이다.
    may 50%정도의 확신을 나타낸다.   He **may** come.
    might 20% 이하의 확신을 나타낸다.   He **might** come.

Word Tips might, wounded

2   그는 걷는 연습을 시작했습니다.

___

Writing Tip '시작하다'는 동사 'start' 또는 'begin'을 통해 표현할 수 있다.
    start 사전의 준비과정을 생략하고, 지금 당장 시작되는 분위기를 나타낸다.
    begin 사전에 준비과정을 거쳐서 시작하는 분위기를 나타낸다.
운동선수가 몸을 풀면서 출발선으로 들어서는 것은 'begin', 몸을 푸는 과정 없이 바로 출발선에서 뛰어나가는 것은 'start', 영화가 시작되기 전에 광고나 예고편 등이 나오면서 영화가 시작되는 것은 'begin', 상영관에 앉자마자 바로 영화가 시작되는 것은 'start'로 나타낼 수 있다.

Word Tips started, a walking practice

3   그는 다른 장애를 입은 사람들을 위해서 달릴 계획이었습니다.

___

Writing Tip 미래를 나타내는 조동사 'will'과 'be going to'는 의미상 미묘한 차이를 나타낸다.
    be going to 확실한 미래, 구체적인 미래, 거의 약속 수준의 가까운 미래를 나타낸다.
    will 일반적인 미래, 약간은 불확실한 미래를 나타낸다.
과거분사는 과거동사와 모양이 비슷하지만 문장에서 형용사 역할을 하는 형용사이다. 또한 일반 형용사와 달리 명사 뒤에서도 수식이 가능하다.

Word Tips was going to, other, physically handicapped people

4   그의 걱정하는 친구들과 가족들이 말했습니다.

___

Writing Tip '가족'을 나타낼 때는 세 가지로 생각해서 표현할 수 있다.
　　가족을 하나의 단위로 표현할 때: '**a family**' 로 표현하며, 동사는 단수로 받는다.
　　가족 구성원 개개인에 초점을 맞추어 집단화 된 개념으로 표현할 때: '**family**' 로 표현하지만, 동사는 복수로 받는다.
　　여러 가족을 표현할 때: 복수형 '**families**' 로 표현한다.

Word Tips　worried, family

5   그 산맥은 더운 멕시코에서부터 추운 캐나다까지 달리고 있습니다.

___

Writing Tip '~에서부터 ~까지' 라는 표현은 'from~ to~' 로 나타낼 수 있다.
　　월요일부터 금요일까지: **from** Monday **to** Friday
　　집에서부터 학교까지: **from** the house **to** the school
　　위에서부터 아래까지: **from** the top **to** the bottom
　　처음부터 끝까지: **from** the beginning **to** the end
　　12시부터 5시까지: **from** 12 **to** 5
　　왼쪽에서 오른쪽으로: **from** left **to** right
　　첫 페이지부터 마지막 페이지까지: **from** the first page **to** the last page
　　쉬운 것에서부터 어려운 것까지: **from** the easy one **to** the difficult one

Word Tips　from, to, hot, cold

6   그 산맥은 4계절을 가지고 있기 때문에 그것이 방문하는 사람들을 매혹시킵니다.

___

Writing Tip '~때문에' 를 표현하는 단어는 'because' 와 'since' 가 있다.
　　because 무엇인가를 탓하는 말투가 강하며, 책임을 전가하는 느낌이 'since' 에 비해 강하다.
　　since 단순히 '~때문에' 라는 뜻으로, 누군가를 탓한다든가, 책임을 묻는 느낌이 약하다.
'because' 뒤에는 반드시 문장이 와야 한다.
　　Because you come late. 네가 늦게 왔기 때문에.
'since' 뒤에는 문장을 쓰지 않고, 명사 하나만 써도 된다. 그러나 명사 하나만 쓰면 'since' 는 '~이래로/~이후로' 의 뜻으로 바뀐다.
　　Since 1969. 1969년 이래로.
'because' 뒤에 명사 하나만 쓰고 싶다면, 'because of' 를 쓰면 된다.
　　Because of you. 너 때문에.

Word Tips　Because, all seasons, fascinated, visiting people

Story Writing

Paragraph 1

작은 시골마을에 한 젊은이가 그의 다친 다리를 모두 잃을지도 몰랐습니다. 그는 집에 오는 도중에 뜻밖의 자동차사고를 당했습니다. 그 젊은이는 오랫동안 집에 누워있었습니다. 그는 나무로 된 의족을 차야했습니다. 그는 포기하지 않았습니다. 그는 걷는 연습을 시작했습니다. 그는 나무로 된 의족을 차고 걷고, 달릴 수 있었습니다. 그는 다른 장애를 입은 사람들을 위해서 달릴 계획이었습니다. 그 젊은이는 도움 없이 하루에 12시간을 달릴 수 있었습니다. 그는 오래된 마을과 도시를 지나곤 했습니다. 그곳에서 그는 사람들을 만나곤 했습니다. 억수같이 쏟아지는 비속에서 그는 넘실거리는 강을 건너기도 했습니다.

주어 + 동사 (+ 목적어) + 전치사 + 조동사 + **분사**

Paragraph 1

_____ _____ _____ _____ a _____ town _____ _____ his _____ _____ . _____ _____ _____ _____ car _____ ____ the _____ _____ . The _____ _____ lay _____ _____ home _____ _____ _____ _____ . He _____ ____ _____ _____ _____ _____ . He _____ _____ _____ _____ . He _____ a _____ _____ . He _____ walk _____ _____ _____ the _____ _____ _____ . He was _____ _____ run _____ _____ _____ _____ people. _____ _____ man _____ _____ 12 _____ a _____ _____ help. He _____ to _____ old _____ and _____ . _____ , he _____ _____ _____ people. He _____ _____ the _____ _____ _____ the _____ _____ .

Go on to the 106 page

Story Writing

Paragraph 2

꽃피는 봄이면 그 젊은이는 스치는 봄바람을 즐겼습니다. 여름이면 찌는 듯이 더운 여름을 견뎌야했습니다. 가을이면 그는 타는 듯한 가을단풍을 감상하곤 했습니다. 얼어붙을 듯한 겨울에는 거친 숨을 몰아쉬었어야했습니다. 그는 휘몰아치는 바람 속에서도 달렸습니다. 그러나 눈 덮인 산은 그에게 아름답기만 했습니다. 그는 일 년을 더 달릴 수 있었습니다. 그는 2년 반을 달렸습니다. 그는 길 위에서 계절의 흐르는 변화를 볼 수 있었습니다.

Paragraph 2

_____ _____ _____, _____ _____ man _____ the _____ _____ _____. _____ _____, he _____ _____ the _____ _____ _____ the street. _____ _____, he _____ _____ the _____ _____ _____. He _____ _____ _____ _____ _____ the _____ _____. He _____ _____ the _____ _____, but the _____ _____ is _____ _____ _____ him. He _____ _____ _____ run _____ _____. He _____ _____ _____ ___ _____ _____. He _____ _____ the _____ _____ of the _____ _____ the _____.

Story Writing

Paragraph 3

이따금 그는 병에 걸렸습니다, 그러나 그는 달렸습니다. 사람들이 모여 들었습니다. 그 모여 든 사람들은 그 젊은이를 환영했습니다. 그들은 그 달리는 젊은이를 위해서 돈을 기부하곤 했습니다. 그는 그 기부 된 돈으로 가난한 사람들을 위해서 사회복지시설들을 세웠습니다.

"나는 더 달릴래요. 나는 더 달릴 수 있어요. 나는 주어진 상황을 극복하고 싶어요." 그는 더 많은 사회복지시설들을 세울 수 있었습니다. "나는 다른 사람들을 위해서 더 달려야 해요," 그 의욕에 찬 젊은이는 말했습니다.

"너는 쉬어야해. 너는 쉬는 시간이 필요해. 너는 단 한 바퀴만 더 달리는 편이 좋겠어. 그리고 쉬어야해," 그의 걱정하는 친구들과 가족들이 말했습니다.

사람들은 그 젊은이의 이름을 알게 되었습니다. 지금은 전 세계가 그의 이름을 알고 있습니다. 우리도 역시 그의 잘 알려진 이름을 듣곤 합니다.

Paragraph 3

_____ he _____ _____, but _____ _____. People _____. The _____ _____ _____ the _____ _____. They _____ _____ _____ _____ the young _____ _____. He _____ _____ _____ _____ _____ the _____ _____ _____ the _____ _____.

"I _____ _____ more. I _____ _____ _____. I _____ to _____ the _____ _____." He _____ _____ more _____ _____ _____. "I _____ _____ _____ _____ for _____ people," the young _____ _____ _____.

"You _____ _____ ____ _____ a _____. You _____ a _____ _____. You _____ _____ _____ _____ one _____ _____. And _____ _____ _____ rest," _____ _____ _____ and _____ _____.

_____ _____ the young man's name. _____ _____ _____ _____ _____ _____. We _____ ____ _____ his _____ _____, _____.

Go on to the 106 page

Story Writing

Paragraph 4

그 청년은 마지막 결승선 전에 숨을 거두었습니다. 사람들은 현존하는 산맥에 그의 이름을 붙이는 편이 좋다고 생각했습니다. 그 산맥은 더운 멕시코에서부터 추운 캐나다까지 달리고 있습니다. 그 산맥은 5,000킬로미터나 뻗어있습니다. 그 산맥은 4계절을 가지고 있기 때문에 그것이 방문하는 사람들을 매혹시킵니다.

그 도전적인 젊은이의 이름은 "Rocky"였습니다. 그래서 사람들은 그 거대한 산맥을 "Rocky Mountains"라고 불렀습니다. 그의 빛나는 이름은 사람들의 마음속에 영원히 남을 수 있게 되었습니다.

Paragraph 4

_____ _____ _____ _____ _____ the _____ _____ _____. People _____ they _____ _____ _____ his name _____ an _____ _____ _____. _____ _____ _____ _____ _____ the _____ _____ _____ the _____ _____. _____ _____ _____ 5,000 _____. _____ the mountain _____ _____ _____ _____, it _____ _____ _____. The young _____ _____'s _____ _____ "Rocky". _____, _____ _____ the _____ _____ "Rocky Mountains". _____ _____ name _____ _____ _____ _____ _____'s _____.

Review Sentence Writing

1   나는 공원에서 뛰고 있는 남자를 보았습니다.

2   우리는 그 놀라운 사건을 오랫동안 기억할 것입니다.

3   우리는 두 개의 예약된 자리를 가지고 있습니다.

4   나는 취미로 고장난 장난감을 고치곤 했습니다.

5   당신은 이 준비된 펜으로 그것을 확인해야 합니다.

6   이것이 너에게 전환점이 될지도 몰라.

Word Tips 1. running, at 2. remember, surprising, for 3. reserved 4. used to, broken, for 5. should, check, with 6. may/might, turning, for

7   그들은 정수 된 물을 사용했습니다.

8   너는 그 헷갈리는 문제를 풀 능력이 있어.

9   나의 운전기록은 좋지 않아.

10   나는 나무로 된 의자를 사는 편이 좋겠어.

11   나는 쏟아지는 비를 피할 수 없었다.

12   모여든 사람들은 충격적인 장면을 목격했습니다.

13   그것은 모든 움직이는 물체를 잡아냅니다.

14   그녀는 그 열린 창문을 닫았습니다.

Word Tips 7. used, purified 8. are able to, confusing 9. driving 10. had better, wooden 11. could, avoid, pouring 12. gathered, witnessed, shocking 13. catches, moving 14. closed, opened

15 너는 미국에 가본 적 있니?
_____

16 흡연구역은 길모퉁이를 돈 곳에 있습니다.
_____

17 사냥철이 다가오고 있습니다.
_____

18 탑승시간이 언제지?
_____

19 등기우편은 얼마지요?
_____

20 너는 냉차를 만들 수 있니?
_____

Go on to the 107 page

Word Tips 15. Have you been 16. Smoking, around 17. hunting, coming 18. What's, boarding 19. How much, registered 20. Can you, iced

Story Five

강조하고 싶은 것을
앞으로 보내는
수동태

강조하고 싶은 것을 앞으로 보내는
수동태

1. be동사 + 형용사 / 과거분사

주어	+	be동사 (am, are, is, was, were, be)	+	형용사/과거분사
It		is / was		big.
It		is / was		fixed.

➡ 'be동사'와 '과거분사'를 붙여서 '~당하다, ~받다'라는 의미의 'be동사 + 과거분사'가 만들어졌다.

▶ 'be동사 + 과거분사'로 구성된 문장을 수동태라고 부른다.

2. 'be동사 + 과거분사' 와 '과거분사 + 명사'

The seat   was   reserved.   →   The reserved seat.
The plane   was   delayed.   →   The delayed plane.

3. 수동태의 문장전환

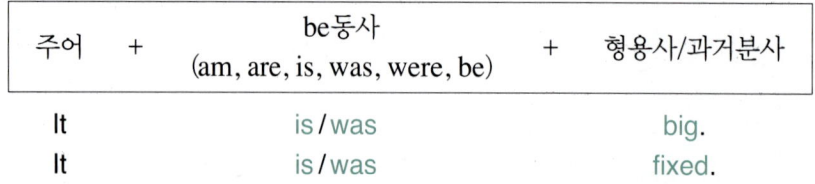

(1) 목적어 'the trainees'를 강조하려면 어떻게 할까?

➡ 목적어 'the trainees'를 문장 맨 앞으로 보낸다.

The trainers instruct the trainees.
↓
The trainees .

(2) 목적어 'the trainees'를 문장 맨 앞으로 보낸 다음 어떻게 할까?

➡ 원래의 문장과 같은 내용으로 전달하기 위해 '~당하다, ~받다'라는 의미의 'be동사 + 과거분사'로 만든다.

The trainers |instruct| the trainees.
The trainees |are instructed|

▶ 원래의 문장과 시제를 맞춘다.

(3) 원래 문장의 주어는 어떻게 할까?
➡ 원래 문장의 주어를 문장 끝에 'by+목적어'로 놓는다.

|The trainers| instruct the trainees.

The trainees are instructed |by the trainers|.

4 전치사 'by'

(1) 내용상 '~에 의해서' 라는 의미가 있을 때만 전치사 'by'를 쓴다.
The Golden Gate Bridge was built by many Chinese immigrants.
By many Chinese immigrants the Golden Gate Bridge was built.

➡ 전치사 'by'를 강조할 경우

(2) 누구에 의해서 되었는지 알 수 없거나, 모두가 아는 경우 전치사 'by'를 생략한다.
The Golden Gate Bridge was built.

(3) 누구에 의해서 되었는지 알 수 없거나, 중요하지 않은 경우 다른 전치사를 쓴다.
The Golden Gate Bridge was built in San Francisco.

5 수동태를 쓰기로 작정한 표현

- I am interested in Korean music.
  나는 한국 음악에 관심이 있습니다.
- He is satisfied with the result.
  그는 그 결과에 만족한다.
- We are lost.
  우리는 길을 잃어버렸다.
- I can't find the purse. It is gone.
  나는 지갑을 찾을 수가 없어요. 사라졌어요.

- Are you finished with your homework?
  너는 숙제를 끝냈니?
- A: Are you done? 너는 끝냈니?
  B: (I am) done. 끝냈어.
- Jack is married to Cindy.
  Jack은 Cindy와 결혼했다.

Preview the Story Sentence

1   그의 다리가 심하게 다쳤습니다.

___

Writing Tip '다리가 다쳤다'를 영어로 표현할 때 다리가 스스로 다쳤다기보다는 '무엇인가 외부의 원인에 의해서 다침을 당했다'는 의미이므로 'be동사 + 과거분사' 형태의 수동태로 나타내야 한다.

Word Tips   were hurt, badly

2   그는 포기하지 않았습니다.

___

Writing Tip   동사 'give'는 전치사와 만나 다양한 뜻을 전달한다.
          give in 제출하다, 굴복하다   give up 포기하다
          give to ~에 주다   give for ~을 위해서 주다
          give away 남에게 주어버리다, 헐값에 팔다   give about 배포하다, 소문 따위를 퍼뜨리다
          give back 돌려주다   give out 배포하다, 할당하다
          give over 넘겨주다, 양도하다

Word Tips   give up

3   사람들이 그에게 관심을 가졌습니다.

___

Writing Tip   '~에 관심이 있다'라는 상황을 영어에서는 관심 또는 흥미로운 것이 밖에 있고, 그것에 의해서 관심 또는 흥미를 가지게 되었다고 보기 때문에 수동태로 나타낸다. 이와 유사한 표현들을 살펴보자.
          I am satisfied with the result. 나는 그 결과에 만족한다.
          I am married to Mary. 나는 Mary와 결혼한다.
          I am finished with the homework. 나는 그 숙제를 끝마쳤다.
          I am lost. 나는 길을 잃어버렸다.
          The store is located in the park. 그 가게는 공원에 위치하고 있다.

Word Tips   are interested in

4   그는 많은 돈이 주어졌습니다.

___

Writing Tip 'money'는 대표적인 셀 수 없는 명사 중 하나로, 셀 수 있는 명사와 셀 수 없는 명사의 '많음'과 '적음'을 표현하는 방법에 주의해야한다.

	셀 수 있는 명사	셀 수 없는 명사
많은	many / lots of / a lot of	much / lots of / a lot of
적은 / 거의 없는	a few / few	a little / little

Word Tips   was given, much/a lot of

5   많은 사회복지시설들이 각 주에 세워졌습니다.

___

Writing Tip '각각'을 나타낼 때는 대표적으로 'each'와 'every'가 쓰인다.
  each 개별적인 한 개를 강조하여 표현한다.
  every 개별적인 한 개를 가리킴과 동시에, 각각을 포함하는 전체를 고려해 표현한다. 그렇기 때문에 'every'는 '각각'으로 해석을 하지만, '모든'으로 해석을 하기도 한다.
'each'는 형용사와 부사로 사용되지만, 'every'는 형용사로만 사용된다.
    Each country 각 나라
    A dollar **each** 한 개에 1달러
    Every student 각 학생

Word Tips   social welfare facilities, each state

6   사람들은 그 거대한 산맥을 "Rocky Mountains"라고 불렀습니다.

___

Writing Tip 산맥은 여러 개의 크고, 작은 산들이 모여서 하나의 산맥을 형성하고 있다고 보기 때문에 항상 복수로 쓴다.
같은 대상을 나란히 쓰는 동격은 comma(,)로 표시한다.
    my brother, Tom   my brother=Tom

Word Tips   called, the greater mountains

Go on to the 107 page

Story Writing

Paragraph 1

작은 시골마을에 한 젊은이가 그의 다리를 모두 잃을지도 몰랐습니다. 그의 다리가 심하게 다쳤습니다. 그는 집에 오는 도중에 자동차사고를 당했습니다. 그것은 뜻밖이었습니다. 그는 의족을 차야했습니다. 그 의족은 나무로 되어있었습니다. 그는 포기하지 않았습니다. 그는 걷는 연습을 시작했습니다. 그는 나무로 된 의족을 차고 걷고, 달릴 수 있었습니다. 그 젊은이는 다른 장애를 입은 사람들을 위해서 달릴 계획이었습니다. 그 젊은이는 도움 없이 하루에 12시간을 달릴 수 있었습니다. 그는 오래된 마을과 도시를 지났습니다. 그곳에서 그는 사람들을 만나곤 했습니다. 억수같이 쏟아지는 비속에서 그는 넘실거리는 강을 건너기도 했습니다.

Paragraph 2

꽃피는 봄이면 그 젊은이는 따스한 봄바람을 즐겼습니다. 여름이면 그는 길 위에서 찌는 듯이 더운 여름을 견뎌야했습니다. 가을이면 그는 타는 듯한 가을단풍을 감상하곤 했습니다. 얼어붙을 듯한 겨울에는 거친 숨을 몰아쉬어야했습니다. 그는 휘몰아치는 바람 속에서도 달렸습니다. 그러나 겨울 산은 그에게 아름답기만 했습니다. 하얀 산은 눈에 덮여있었습니다. 그는 일 년을 더 달릴 수 있었습니다. 그는 2년 반을 달렸습니다. 그는 길 위에서 계절의 흐르는 변화를 볼 수 있었습니다.

주어 + 동사 (+ 목적어) + 전치사 + 조동사 + 분사 + **수동태**

Paragraph 1

___ _____ ____ in a _____ _____ _____ _____ ____ _____.
His _____ _____ _____ _____. ___ ____ a ____ _____. ___
was _____. ___ ____ to _____ _____ _____. The _____
_____ were _____. ___ ____ not _____ ___. _____ _____ a
_____ _____. ___ _____ _____ _____ run ____ the
_____ _____ _____. The _____ ____ was _____ ___ ____
for _____ _____ _____ _____. ____ _____ _____
_____ run ___ _____ a ____ _____ _____. He _____
_____ _____ and _____. _____, he _____ to _____ _____.
He _____ _____ the _____ _____ in the pouring _____.

Paragraph 2

___ _____ _____, the _____ _____ _____ the ____ _____
_____. ___ _____, he _____ the _____ _____ _____
the _____. ___ ____, he _____ _____ the _____ _____ _____.
He ____ ___ _____ _____ ___ the _____ _____. ____ ____ ____
the _____ _____, but ____ _____ _____ is _____ _____
____ ____. The _____ _____ was _____ _____ ____. ___ ____
_____ ___ run _____ _____. He ____ _____ and ____ _____ _____. He
_____ ___ the _____ _____ the _____ ___ the _____.

Go on to the 107 page

Story Writing

Paragraph 3

이따금 그는 병에 걸렸습니다, 그러나 그는 달렸습니다. 사람들이 그에게 관심을 가졌습니다. 사람들이 모여 들었습니다. 그 모여든 사람들은 그 젊은이를 환영했습니다. 그 젊은이는 사람들로부터 환영받았습니다. 그들은 그 달리는 젊은이를 위해서 돈을 기부하곤 했습니다. 그는 많은 돈이 주어졌습니다. 그는 그 기부 된 돈으로 가난한 사람들을 위해서 사회복지시설들을 세웠습니다.

"나는 더 달릴래요. 나는 더 달릴 수 있어요. 나는 주어진 상황을 극복하고 싶어요. 신체장애가 나에게 주어졌잖아요." 그는 더 많은 사회복지시설들을 세울 수 있었습니다. 많은 사회복지시설들이 각 주에 세워졌습니다. "나는 다른 사람들을 위해서 더 달려야 해요," 그 젊은이는 말했습니다. 그는 의욕에 차 있었습니다.

"너는 쉬어야해. 너는 쉬는 시간이 필요해. 너는 단 한 바퀴만 더 달리는 편이 좋겠어. 그리고 쉬어야해," 그의 걱정하는 친구들과 가족들이 말했습니다. 그러나 그 젊은이는 그 자신에 대해서 걱정하지 않았습니다.

사람들은 그 젊은이의 이름을 알게 되었습니다. 지금은 전 세계가 그의 이름을 알고 있습니다. 그의 이름은 널리 알려졌습니다. 우리도 역시 그의 잘 알려진 이름을 듣곤 합니다.

Paragraph 3

_____ ___ ____ _____, but ___ ____. _____ _____ _____ ___ him. _____ _____. The _____ _____ _____ the _____ _____. The _____ ____ ____ _____ _____ the _____. They _____ _____ ____ _____ the _____ _____ _____. He ____ _____ ____ _____. He _____ _____ _____ _____ ____ the _____ _____ ____ the _____ _____.

"__ ____ ____ _____. __ ____ ____ _____. I _____ __ _____ the _____ _____. ____ _____ _____ ____ _____ to ___." He _____ _____ ____ _____ _____ _____. Many _____ _____ _____ _____ _____ ____ _____ _____. "__ ____ __ __ ____ _____ for _____ _____," the young man _____. ___ ____ _____.

"___ ___ _____ to _____ a _____. You _____ a _____ ____. ___ ____ ____ _____ one ____ ____. And ____ __ _____," his _____ _____ and _____ _____, ____ the _____ ____ ____ ___ _____ about _____. ____ _____ the _____ _____' __ name. ____ the _____ _____ ____ _____. ___ _____ ____ ____ ____. We _____ __ ____ his _____ _____, ____.

Go on to the 107 page

Story Writing

Paragraph 4

그 청년은 마지막 결승선 전에 숨을 거두었습니다. 사람들은 현존하는 산맥에 그의 이름을 붙이는 편이 좋다고 생각했습니다. 그 산맥은 더운 멕시코에서부터 추운 캐나다까지 달리고 있습니다. 그 산맥은 5,000킬로미터나 뻗어 있습니다. 그 산맥은 4계절을 가지고 있기 때문에 그것은 방문하는 사람들을 매혹시킵니다. 많은 사람들이 그 경치에 매혹됩니다. 그 도전적인 젊은이는 "Rocky"라고 불렸습니다. 그래서 사람들은 그 거대한 산맥을 "Rocky Mountains"라고 불렀습니다. 그의 빛나는 이름은 사람들의 마음속에 영원히 남을 수 있게 되었습니다.

Paragraph 4

____ _____ ____ _____ _____ the _____ _____ _____.
_____ _____ they ____ _____ _____ ____ _____ to an
_____ _____ _____. The _____ _____ _____ the ____
_____ ___ the _____ _____. The _____ _____ ____
_____. _____ the _____ ____ ____ _____, it _____
_____ people. Many _____ ____ _____ __ the _____
_____.
The _____ _____ man _____ _____ "Rocky". ___, _____
_____ the _____ _____ "Rocky Mountains". His _____
_____ ____ _____ _____ in _____', __ _____.

Go on to the 108 page

Review Sentence Writing

1   그 의자는 플라스틱으로 만들어졌습니다.
___

2   그 조각가는 후원자에 의해서 대중에게 알려졌습니다.
___

3   Sam은 자동차사고로 다리를 다쳤습니다.
___

4   사람들은 이 회의를 위해서 초대되었습니다.
___

5   나는 환영 받았다.
___

6   나의 월급은 회사의 사장에 의해서 조정되었다.
___

Word Tips 1. made of   2. sculptor, publicized, sponsor   3. hurt/injured/wounded by   4. invited, conference   5. welcomed   6. salary, controlled, the president of

7   그녀는 친구들 사이에서 '공주' 로 이름 불렸습니다.
___

8   나는 너에 대해 걱정한다.
___

9   그 방은 연기로 가득 차 있었습니다.
___

10   그의 재능은 부모로부터 주어졌습니다.
___

11   어떤 이메일은 삭제되었습니다.
___

12   나는 오늘 그 소식에 당황했다.
___

13   그들은 그 일로 인해 흥분했을지도 모른다.
___

14   나는 그에게 배신당했다.
___

Word Tips 7. named, a princess   8. am worried   9. was filled, with   10. talent, given, from   11. deleted/removed   12. embarrassed by   13. may/might, excited   14. betrayed by

15   그의 정체는 폭로될 것입니다.
___

16   그 빌딩은 네덜란드에서 온 **Rem Koolhaas**에 의해서 세워졌습니다.
___

17   많은 일이 나에게 주어졌다.
___

18   그 계약은 자동으로 연장 될 것입니다.
___

19   나는 이것을 하라는 말을 들었습니다.
___

20   남은 음식은 종이로 덮여 있었습니다.
___

Word Tips 15. identity, revealed 16. was built, Netherlands 17. were given 18. contract, automatically, extended 19. was told 20. leftovers, wit

Story Six

특별한 부사로 시작하는
부사절

특별한 부사로 시작하는
부사절

1 절과 구의 구별

(1) 가장 이상적인 문장의 단어 배열

←——— Essential Part ———→	←——— Additional Part ———→
1 명사(주어)　2 동사　3 명사(목적어) / 형용사	4 전치사　+　5 명사(전치사의 목적어)
1 I　　2 have　　3 money	4 in　　5 my pocket.

(2) 절: 두 단어 이상으로 구성되어 있으며, 동사를 포함하고 있다.

　　I see.　　People visit.　　They laugh.
　명사(주어) / 동사　명사(주어) / 동사　명사(주어) / 동사　→　절 = 문장

(3) 구: 두 단어 이상으로 구성되어 있으며, 동사를 포함하고 있지 않다.

　　Parking place.　　Body shop.　　Dead end street.
　형용사 / 명사　　명사 / 명사　　형용사 / 명사 / 명사　→　단어와 문장의 중간 단계

2 문장 앞에 쓰도록 위치가 정해진 특별한 부사가 있다

When ~할 때,　After ~한 뒤에,　Since ~때문에,　Because ~때문에,　While ~하는 동안에

3 왜 '부사절'일까?

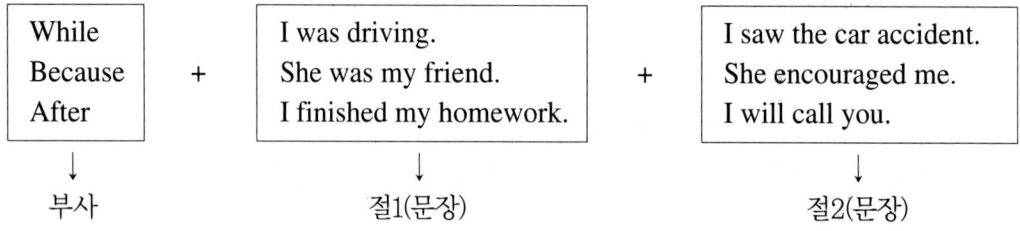

While Because After	+	I was driving. She was my friend. I finished my homework.	+	I saw the car accident. She encouraged me. I will call you.
↓		↓		↓
부사		절1(문장)		절2(문장)

(1) 완벽한 문장인 절1의 앞에 'While, Because, After'와 같은 특별한 부사를 붙이면 완벽했

던 문장, 절1이 내용이 끝나지 않은 미완성된 문장으로 바뀌어 내용의 완성을 위해 뒤의 문장, 절2에 의지하게 된다.

(2) 절1의 마침표(.)가 comma(,)로 바뀌어 내용이 끝나지 않은 미완성된 문장임을 나타낸다.

While I was driving,   I saw the car accident.
Because she was my friend,   she encouraged me.
After I finished my homework,   I will call you.

⟵────── 부사절 ──────⟶

⟵ 원인절, 의존절, 종속절 ⟶   ⟵ 결론절, 독립절, 주절 ⟶

4 종속절(부사절)과 주절의 위치

(1) 영어는 문법을 먼저 알린다.

➡ 문법을 나타내는 종속절(부사절)을 먼저 써주어야 한다.

While I was driving, I saw the car accident.

(2) 영어는 중요하고, 강조하고 싶은 것일수록 문장 앞으로 보낸다.

➡ 내용상 종속절(부사절)보다 주절의 내용이 더 중요하기 때문에 주절을 앞으로 보낼 수 있다. 이때 comma(,)는 종속절(부사절) 소속으로, 종속절(부사절)과 함께 뒤로 이동한 후 마침표(.)로 바뀐다.

I saw the car accident while I was driving.

▶ 종속절(부사절)과 주절의 위치는 바꿀 수 있다.

5 부사절을 이끄는 부사

- After 후에, 뒤에, 나중에
- While ~하는 동안에, ~하는 한
- Until ~까지, ~때까지
- As/So long as ~하는 한
- Every time 매 번, 매 회
- Since ~한 까닭에, ~때문에
- Even though ~함/임에도 불구하고
- Only if 오로지/오직 ~면
- In case (that) ~일 경우를 대비해서

- When ~때, 언제
- By the time 막 ~했을 때
- As soon as ~하자마자
- Whenever ~할 때는 언제든지
- Because ~때문에
- As ~이므로, ~로써
- Although 비록 ~일지라도
- Whether or not ~인지 아닌지

# Preview the Story Sentence

1   그 젊은이는 **아무런** 도움 없이 하루에 12시간을 달릴 수 있었습니다.

Writing Tip '아무런, 어떤, 약간'의 의미를 나타낼 때는 일반적으로 'any'와 'some'을 사용한다.
    any 일반적으로 부정문, 의문문, 조건절에 쓰인다.
    some 긍정문 또는 조건절에서도 긍정적인 기대나 예측을 의미하는 경우에 쓰인다.
'~없이'라는 부정적인 내용을 전달하고 있으므로, 문장의 내용은 부정문이라고 보아야한다. 따라서 'some'이 아닌 'any'를 써야한다.

Word Tips   could, 12 hours a day, without, any

2   **그 젊은이가 얼어붙을 듯한 겨울 속을 달리는 동안에**, 그는 휘몰아치는 바람 속에서 거친 숨을 몰아쉬어야했습니다.

Writing Tip '부사절'이란 쉽게 말하면 '부사 문장'이라는 뜻으로, when, while, because, since, after 등의 부사 뒤에 완벽한 문장이 붙어있는 형태를 뜻한다.
    When I study~, 내가 공부할 **때**,
    While he was working~, 그가 일하고 있는 **동안에**,
    Because I am happy~, 내가 행복하기 **때문에**,
    Since she likes me~, 그녀가 나를 좋아하기 **때문에**,
    After I met you~, 내가 너를 만나 **이후로**
이러한 부사절을 이끄는 부사들은 문장에서 비교적 위치가 자유로운 다른 부사와 달리 쓰는 위치가 항상 문장 맨 앞으로 정해져 있다. 부사절은 내용상 미완성된 문장으로, 내용의 완성을 위한 문장이 더 필요하다.
    When I study, **I do my best**.
    While he was working, **he listened to the music**.
    Because I am happy, **I forgive you**.
    Since she likes me, **she helps me**.
    After I met you, **I changed it**.

Word Tips   While, the freezing winter, had to, breathe hard, the swirling winds

3   그의 친구들과 가족들은 그에 대해서 걱정했습니다.

___

Writing Tip 두개의 주어가 접속사로 연결되었을 때, 어떤 접속사가 쓰였느냐에 따라서 be동사의 형태는 달라진다.
    and 두개의 주어를 합해서 보아야하며, 복수 동사를 써야한다.
    → Jane and I are ~.
    or 두 개의 주어 중에서 하나를 선택해서 말해야 하기 때문에 내용상 주어는 하나이며, 단수 동사를 써야한다.
    → Jane or I am ~.
영어는 상대방을 존중하는 의미에서 '나(I)'를 주로 뒤에 쓴다.

Word Tips are worried

4   비록 그의 몸이 약해졌지만, 그 젊은이는 그 자신에 대해서 걱정하지 않았습니다.

___

Writing Tip 부사절 '비록 ~이지만'을 이끄는 부사로 'Although'와 'Even though'가 쓰인다. 주로 문장 맨 앞에 위치하기 때문에, 부사절(종속절)을 앞에 쓰고, 주절을 뒤에 쓰는 것이 자연스럽다. 'Even though'는 'Although'보다 더 강조하는 의미를 나타낸다.

Word Tips Although, became weak, himself

5   지금은 전 세계가 그의 이름을 알고 있습니다.

___

Writing Tip 단수 1, 2인칭 '나(I), 너(You)'를 제외한 나머지 주어(she, he, it, the man, the world, 등)는 단수 3인칭으로, 현재형 동사 뒤에 '-s'나 '-es'를 붙여야한다.

Word Tips the world, knows

6   그는 맑은 가을 햇살아래에서 마지막 숨을 거두었습니다.

___

Writing Tip '마지막 숨을 거두었다'에서 '거두었다'는 '숨을 쉬었다'로 표현하는 것이 좋다.
'아래'의 개념을 나타내는 전치사는 여러 가지가 있다.
    under 제일 아래의 개념을 나타낸다.
    below 중간개념의 아래를 나타낸다.
    beneath 바로 아래의 개념을 나타낸다.
어느 정도 아래인지 구분하기가 힘들 때는 'down'으로 표현하면 된다.

Word Tips breathed, last breath, clear, under, sunshine

Go on to the 108 page

Story Writing

Paragraph 1

한 젊은이가 자동차사고가 난 후에 그의 다리를 모두 잃을지도 몰랐습니다. 그의 다리가 심하게 다쳤기 때문에 그는 의족을 차야했습니다. 그 의족은 무겁고, 불편했습니다. 비록 나무로 된 그 의족이 그에게 힘든 시간을 주었지만 그는 그의 미소를 잃지 않았습니다. 그는 걷는 연습을 시작하자마자 곧 걷고, 달릴 수 있었습니다. 그 젊은이는 다른 장애를 입은 사람들을 위해서 달릴 계획을 세웠습니다. 그 젊은이는 아무런 도움 없이 하루에 12시간을 달릴 수 있었습니다. 그는 달리기를 시작했습니다. 그가 오래된 마을과 도시를 지날 때면 그는 그곳에서 새로운 사람들을 만났습니다. 억수같이 쏟아지는 비속에서 그는 넘실거리는 강을 건너기도 했습니다.

주어 + 동사 (+ 목적어) + 전치사 + 조동사 + 분사 + 수동태 + **부사절**

Paragraph 1

_____ a _____ ____ ____ a ____ _____, he _____ _____ ____ _____. _____ ____ ____ _____ _____ _____, he ____ ___ _____ _____ _____. The _____ _____ _____ _____ and _____. _____ ___ the _____ _____ _____ _____ ____ a _____ _____, he ____ ____ _____ _____ _____. ___ _____ ____ he _____ a _____ _____, ___ _____ _____ ____ ____. The _____ _____ _____ _____ _____ _____ _____ _____ _____. The _____ ____ _____ run ___ _____ ___ ____ _____ _____ _____. He _____ _____. _____ he _____ old _____ ____ _____, he ____ ____ _____ _____. He _____ _____ the _____ _____ ___ the _____ _____.

Go on to the 108 page

Story Writing

Paragraph 2

꽃피는 봄이 오면 그 젊은이는 따스한 봄바람을 즐겼습니다. 한여름이면 그는 지면으로부터 올라오는 찌는 듯이 더운 열기를 견뎌야했습니다. 가을이 다가오면 그는 타는 듯한 가을 단풍을 감상하곤 했습니다. 그 젊은이가 얼어붙을 듯한 겨울 속을 달리는 동안에 그는 휘몰아치는 바람 속에서 거친 숨을 몰아쉬어야했습니다. 비록 산이 눈에 덮여있었지만 겨울 산은 그에게 아름답기만 했습니다.

그는 2년 반을 달렸습니다. 그는 일 년을 더 달릴 수 있었습니다. 그는 계속해서 달렸습니다. 매번 그가 달릴 때마다 그는 길 위에서 계절의 흐르는 변화를 볼 수 있었습니다.

주어 + 동사 (+ 목적어) + 전치사 + 조동사 + 분사 + 수동태 + **부사절**

Paragraph 2

_____ the _____ _____ _____, the _____ _____ _____ the _____ _____ _____ . ___ the _____ ___ ____ _____, he _____ _____ the _____ _____ _____ the _____ . ___ ____ _____ _____ , he _____ _____ the _____ _____ _____ . _____ the _____ ____ ____ ___ the _____ _____ , he ____ ___ _____ _____ ___ the _____ _____ . _____ _____ the _____ ____ _____ _____ snow, the _____ _____ is _____ _____ ___ ____ . He ____ ____ and a _____ _____ . ___ ____ _____ to ____ _____ _____ . He _____ _____ . _____ _____ ___ ____ , he _____ ____ the _____ _____ ___ ____ _____ .

Go on to the 108 page

Story Writing

Paragraph 3

이따금 그는 병에 걸렸습니다, 그러나 그는 달렸습니다. 사람들이 그에게 관심을 가졌습니다. 모두가 그를 보기 원했기 때문에 그 젊은이는 사람들로부터 환영받았습니다. 사람들이 그 달리는 젊은이를 위해서 돈을 기부함으로써 그는 그 기부 된 돈으로 가난한 사람들을 위해서 사회복지시설을 세웠습니다.

"내가 달릴 수 있는 한 나는 더 달릴래요. 나는 주어진 상황을 극복하고 싶기 때문에 나의 한계에 도전하고 싶어요." 그는 더 많은 사회복지시설을 세울 수 있었습니다. "나는 나와 같은 사람들을 위해서 더 달려야 해요." 그 젊은이는 말했습니다. 그는 지칠 줄을 몰랐습니다. 그의 친구들과 가족들은 그에 대해서 걱정했습니다. "너는 너 자신을 돌봐야해. 너는 쉬는 시간을 가진 후에 달리는 편이 좋겠어." 비록 그의 몸이 약해졌지만 그 젊은이는 그 자신에 대해서 걱정하지 않았습니다.

사람들은 그 젊은이의 이름을 알게 되었습니다. 지금은 전 세계가 그의 이름을 알고 있습니다. 우리가 원하건 원하지 않건 우리는 그의 이름을 듣곤 합니다.

주어 + 동사 (+ 목적어) + 전치사 + 조동사 + 분사 + 수동태 + **부사절**

Paragraph 3

_____ ___ ____ _____, but ___ ____. _____ ____ _____ in ____. The _____ _____ was _____ ___ the _____ _____ _____ _____ to ____ ____. ___ _____ _____ ____ the _____ _____ man, he _____ _____ _____ _____ _____ the _____ _____ ____ the _____ _____. "___ _____ ____ __ __ _____, __ _____ ___ ____ _____. __ ____ to _____ ___ _____ I _____ ___ _____ the _____ _____." ___ _____ _____ _____ _____. "__ _____ ____ ___ __ _____ ____ people _____ ___," the _____ ____ _____. He ____ _____. His _____ ____ _____ ____ ____ _____ him, "____ ___ _____ __ _____ of _____. ___ ____ _____ _____ you ___ a _____ _____." _____ his _____ _____ _____, the young man ____ ____ _____ _____ _____. _____ _____ the young man's name. ____ the _____ _____ ____ _____. _____ ___ _____ or ____, ___ _____ ___ _____ ____ _____.

Go on to the 109 page

Story Writing

Paragraph 4

슬프게도 그 젊은이는 마지막 결승선으로 돌아오지 못했습니다. 사람들이 막 그를 발견했을 때 그는 길 위에 누워 있었습니다. 그 젊은이는 길 위에서 죽었습니다. 그는 맑은 가을 햇살아래에서 마지막 숨을 거두었습니다.

그의 사람들을 위한 헌신이 감동적이고, 지속적이었기 때문에 사람들은 현존하는 산맥에 그의 이름을 붙이는 편이 좋다고 생각했습니다. 그들은 하나의 산맥을 선택했습니다. 그 산맥은 쉬지 않고 5,000킬로미터나 달리고 있습니다. 더운 멕시코에서부터 추운 캐나다까지의 그 긴 길이 때문에 그 산맥은 4계절을 가지고 있습니다. 그 경치는 방문하는 사람들을 매혹시킵니다.

산맥을 선택한 후에 그들은 이름이 필요했습니다. 그 젊은이의 이름은 "Rocky"였습니다. 사람들이 그 이름을 좋아했기 때문에 그들은 그 거대한 산맥을 "Rocky Mountains"라고 불렀습니다. 비록 그가 젊은 나이에 죽었지만 그의 이름과 노력은 영원이 남을 수 있게 되었습니다.

Paragraph 4

_____, ____ _____ ___ _____ _____ _____ to ____ _____ _____ _____. ___ ____ _____ _____ _____ _____ _____, he _____ _____ on _____ _____. The _____ _____ _____ ____ _____ _____. ___ _____ _____ _____ _____ _____ _____ a _____ _____ _____.

_____ _____ _____ _____ _____ _____ _____ _____ and _____, _____ ____ _____ ____ _____ _____ ____ ____ an _____ _____ _____ _____. They _____ _____ _____ _____. The _____ ____ _____ _____ _____ _____ _____.

the ____ _____ to ____ _____ _____, ____ _____ have ____ _____. The _____ _____ _____ _____ _____ _____.

_____ they _____ ____ _____, _____ _____ a ____. The _____ ____ _____ _____ _____ was "Rocky". _____ _____ _____ the _____, _____ _____ the _____ _____ "Rocky Mountains". ____ _____ ____ _____ ____ _____ _____ _____ ___ _____ _____.

Go on to the 109 page

Review Sentence Writing

1   당신은 허가를 받은 후에 사진을 촬영할 수 있습니다.
___

2   Jason은 비록 어리지만 그의 연설은 사람들을 감동시켰습니다.
___

3   이 메시지를 받자마자 나에게 전화해.
___

4   내가 너를 다시 볼 때 너에게 그 사실을 이야기해줄게.
___

5   내가 무대를 걸어 내려갈 때 사람들은 박수를 쳤습니다.
___

6   네가 비록 그것이 싫더라도 너는 그것을 받아들여야해.
___

Word Tips 1. take a picture, after, permission 2. Even though, impressed 3. as soon as, receive
4. When, the truth 5. walked down, applauded 6. Even if, accept

7 내가 그 음악을 들을 때마다, 그 음악은 나에게 그를 떠오르게 한다.

8 내가 직업이 있는 한 나는 행복해.

9 나의 몸무게가 줄었음에도 불구하고 나의 친구들은 알아차리지 못했다.

10 네가 오든 안 오든 그는 너를 기다릴 것이다.

11 내가 빨간 신호등에 멈췄을 때 나는 너를 보았다.

12 그가 이곳에 온 이후로 그는 활동적으로 일합니다.

13 계산한 이후에 그것을 가지고 갈 수 있습니다.

14 나는 시험공부를 하고 있는 동안에 음악을 들었습니다.

Word Tips 7. Whenever, reminds ~ of 8. As long as 9. Although, lost, notice 10. Whether, or not, for 11. When, at 12. Since, actively 13. take it out, pay for 14. While, for listened to

15 우리가 컴퓨터를 사용한 이래로 우리의 삶은 그것에 의지하고 있습니다.
_____

16 너희가 답을 아는 경우에만 손을 들어라.
_____

17 네가 늦게 왔기 때문에 우리는 콘서트에 가지 못했다.
_____

18 네가 결과를 볼 때까지는 포기하지 마라.
_____

19 내가 새로운 소식을 가지고 있을 경우에 대비해서 너는 집에 머물러라.
_____

20 그가 떠난 이후에 나는 작은 상자를 발견했다.
_____

Go on to the 109 page

Word Tips 15. Since, depends 16. Only if, raise 17. Because, missed 18. give up, until, result 19. In case, stay 20. left, found

Story Word List

문법을 배우고, 배운 문법을 활용하여 글이 되는지 확인했다면, 예문을 통해 외워두는 것이 가장 좋은 방법입니다. 빈 칸을 채우면서 써본 각 Story의 문장을 이해할 수 있도록, 각 Story별로 전개 순서에 따라 제시된 어휘 및 어구의 앞·뒤 내용을 생각하면서 문장을 만들고, 소리 내어 말해 보기 바랍니다.

Story One

A young man
lost
legs
had a car accident
started
running
ran
for
other
people
12 hours a day
passed
towns
cities
crossed
the rivers
the mountains
In spring
enjoyed
the spring breeze
In summer
bore
the hot summer
In fall
appreciated
autumnal tints
breathed hard
in winter
another year
saw
the change of the season
Sometimes
got sick
donated
built
social welfare facilities
with
I want to
more
One more
lap

knew
man's name
Now
the world
knows
too
died
before
the final
gave his name to
mountain range
extend
all seasons
So
called
the greater mountains
remains
forever

Story Two

in a small town
on the way home
lay down
at home
for a long time
One day
started
ran for
other
12 hours
without help
passed
In spring
spring breeze
In summer
bore
on the street
In fall
appreciated
autumnal tints

over the mountain
breathed hard
in winter
another
despite
various
difficulties
change of
on the road
because of
tiredness
donated
built
in many cities
with the money
run more
before winter
knew
too
the final lap
near him
gave ~ to ~
a mountain range
from ~ to ~
extend
across the continent
the north
the south
remains
in people's heart

Story Three

might
lose
had to
wear
artificial legs
could
run
with

was going to
for
12 hours a day
used to
pass
towns and cities
cross
the rivers and the mountains
In spring
enjoyed
the spring breeze
should
bear
the hot summer
would
appreciate
had to
breathe hard
was able to
another year
two and a half years
the change of the season
on
road
got sick
donate
built
social welfare facilities
with the money
will
run more
can
build
more
have got to
other people
are supposed to
take a rest
had better
only
one more
have to
rest

his friends
family
said
knew
knows
died
before
the final
thought
they had better give A to B
mountain range
extend
all seasons
called
the greater mountains
remain

Story Four

lose
wounded legs
unexpected
car accident
had to
wear
wooden
artificial legs
did not
give up
started
walking
practice
walk and run
with
was going to run
for
physically
handicapped
people
12 hours a day
used to
pass

old towns and cities
There
meet people
cross
rolling
in
pouring
rain
blossoming
enjoyed
brushing
spring breeze
In summer
bear
steaming
appreciate
burning
autumnal tints
breathe hard
freezing
swirling
winds
snow-covered
is just beautiful
to him
another year
two and a half years
streaming
change of the season
on
road
got sick
gathered
gathered people
welcomed
donate
the young running man
built
social welfare facilities
donated money
the needed people
run more
want to
overcome

Story Word List 99

given
situation
build
for other people
motivated
take a rest
resting time
only
one more lap
rest
worried
knew
the young man's name
hear
well-known
too
died
before
final
finishing line
thought
give his name to
existing
mountain range
from ~ to ~
hot Mexico
cold Canada
extends
kilometers
all seasons
fascinated
visiting
challenging
called
the greater mountains
shining
remain
forever

Story Five
were hurt
badly
was unexpected

was wooden
warm
winter mountain
white mountain
was covered
are interested in
was welcomed
by (from) the people
was given
much (a lot of) money
physical handicap
is given
were built
in
each state
was motivated
was not worried about
himself
was known
widely
many people
are fascinated by
the scenic beauty
were called

Story Six
After
had a car accident
lose
Because
were hurt
badly
wear
artificial legs
heavy
uncomfortable
Even if
a hard time
As soon as
walking practice

planned
physically
handicapped people
without any help
When
passed
would cross
rolling
pouring
When
blossoming
enjoyed
warm spring breeze
In the middle of
bear
steaming heat
As
approached
appreciate
autumnal tints
While
freezing winter
breathe hard
swirling
Even though
was covered with
winter mountain
two and a half years
was able to
another
kept
Every time
streaming change
got sick
are interested in
was welcomed by(from)
because
As
donated
social welfare facilities
donated money
needed people
As long as

challenge
limit
overcome
given situation
have got to
like me
restless
are worried about
are supposed to
take care of
had better
after
a resting time
Although
became weak
Whether ~ or not
used to
Sadly
return
final finishing line
By the time
discovered him
was lying
the road
died
breathed his last breath
under
autumn sunshine
Since
devotion
impressive
constant
existing mountain range
chose
mountain range
without stopping
Because of
long range
from ~ to ~
all seasons
scenic beauty
fascinated
visiting people

After
name of
Because
the greater mountains
effort
remain
although
died young

Writing Answer?
NO!!
Writing Guideline

하나의 문장은 개인의 문법 지식이나 감각 또는 단어의 선택에 따라 다양하게 번역될 수 있기 때문에 어느 특정 문장이 맞고, 그 이외의 다른 문장을 틀렸다고 말 할 수 없습니다. 다만 '더 적절한가?'라는 기준은 있을 수 있습니다. 이곳에 제시된 문장을 Guideline으로 생각하기바랍니다. 여러분이 완성한 문장과 비교할 대상이 필요하므로 제시했습니다.

● Story One

Preview the Story Sentence

1. A young man lost his legs.
2. He had a car accident.
3. The young man ran 12 hours a day.
4. He ran another year, and ran another year.
5. Sometimes he got sick.
6. I want to run more. One more lap.
7. People called the greater mountains "Rocky Mountains".

₁A young man ₂lost his legs. ₁He ₂had a car accident. ₁He ₂started running. ₁He ₂ran for other people. ₁The young man ₂ran 12 hours a day. ₁He ₂passed towns and cities. ₁He ₂crossed the rivers and the mountains.

In spring, ₁the young man ₂enjoyed the spring breeze. In summer, ₁he ₂bore the hot summer. In fall, ₁he ₂appreciated the autumnal tints. ₁He ₂breathed hard in winter. ₁He ₂ran another year, and ₂ran another year. ₁He ₂saw the change of the season.

Sometimes ₁he ₂got sick, but ₁he ₂ran. ₁People ₂donated money. ₁He ₂built social welfare facilities with the money. "₁I ₂want to run more. One more lap."
₁People ₂knew the young man's name. Now ₁the world ₂knows his name. ₁We ₂know his name, too.

₁The young man ₂died before the final lap. ₁People ₂gave his name to a mountain range. ₁The mountains ₂extend 5,000 kilometers. ₁The mountain range ₂has all seasons. ₁The young man's name ₂was "Rocky". So, ₁people ₂called the greater mountains "Rocky Mountains". ₁His name ₂remains forever.

Review Sentence Writing

1. ₁Harry ₂finished it.
2. ₁She ₂fixed her make-up.
3. ₁I ₂received a notice.
4. ₁He ₂got the mail.
5. ₁People ₂spend the money for the leisure time.
6. ₁What ₂are you going to do?
7. ₁We ₂like gossip about TV entertainers.
8. ₁Sally ₂took a walk.
9. ₁I ₂studied English.
10. ₁Nicole ₂met her boyfriend.
11. ₁It ₂brought unexpected results.
12. ₁He ₂saw Harry in the room.
13. ₁David ₂had a dessert.
14. ₁He ₂slept by noon.
15. ₁What ₂did you do?
16. ₁I ₂did not work like them.
17. ₁Emma ₂records everything.
18. ₁I ₂found money.
19. ₁Someone ₂is in the restroom.
20. ₁We ₂noticed it.

● Story Two

Preview the Story Sentence

1. He had a car accident on the way home.
2. One day, he started running.
3. He crossed the rivers and the mountains.
4. In fall, he appreciated the autumnal tints over the mountain.
5. He saw the change of the season on the road.
6. Sometimes he got sick because of his tiredness.
7. His name remains forever in people's heart.

A young man in a small town lost his legs. He had a car accident on the way home. The young man lay down at home for a long time. One day, he started running. He ran for other people. The young man ran 12 hours a day without help. He passed towns and cities. He crossed the rivers and the mountains.

In spring, the young man enjoyed the spring breeze. In summer, he bore the hot summer on the street. In fall, he appreciated the autumnal tints over the mountain. He breathed hard in winter. He ran another year, and ran another year despite various difficulties. He saw the change of the season on the road.

Sometimes he got sick because of his tiredness, but he ran. People donated money for him. He built social welfare facilities in many cities with the money. "I want to run more. One more lap before winter."
People knew the young man's name. Now the world knows his name. We know his name, too.

The young man died before the final lap. People near him gave his name to a mountain range. The mountains run from Mexico to Canada. The mountains extend 5,000 kilometers across the continent. The mountain range has all seasons from the north to the south. The young man's name was "Rocky". So, people called the greater mountains "Rocky Mountains". His name remains forever in people's heart.

Review Sentence Writing

1 Someone called me late at night.
2 The man in front of the door is Tony.
3 We open from Monday to Friday.
4 I have dirt in my eyes.
5 The money on the table is mine.
6 In 20 minutes, we finished the job.
7 They escaped within 10 minutes.
8 The doctor in the office examined me.
9 He was hiding something behind the bookcase.
10 She is still in my heart.
11 The students prepare for the entrance exam.
12 Some vocabulary in the book is difficult.
13 I exercise every morning with my younger brother.
14 Many people are working at home in these days.
15 I got off the bus at the wrong stop.
16 My friend and I visited flea market around 1 p.m.
17 We went to Hong Kong during the summer holidays.
18 She left her camera in the bus.
19 We looked around the street.
20 His name is on the tip of my tongue.

● Story Three

Preview the Story Sentence
1 He could run with the artificial legs.
2 He used to cross the rivers and the mountains.
3 He built social welfare facilities with the money.
4 I have got to run more for other people.
5 You are supposed to take a rest.
6 People thought they had better give his name to a mountain range.
7 The mountains extend 5,000 kilometers.

A young man in a small town might lose his legs. He had a car accident on the way home. The young man lay down at home for a long time. He had to wear artificial legs. He could run with the artificial legs. He was going to run for other people. The young man could run 12 hours a day without help. He used to pass towns and cities. He used to cross the rivers and the mountains.

In spring, the young man enjoyed the spring breeze. In summer, he should bear the hot summer on the street. In fall, he would appreciate the autumnal tints over the mountain. He had to breathe hard in winter. He was able to run another year. He ran two and a half years. He could see the change of the season on the road.

Sometimes he got sick because of his tiredness, but he ran. People would donate money for him. He built social welfare facilities in many cities with the money. "I will run more. I can run more." He could build more social welfare facilities. "I have got to run more for other people." the young man said. "You are supposed to take a rest. You had better run only one more lap. And you have to rest." his friends and family said.
People knew the young man's name. Now the world knows his name. We used to hear his name, too.

The young man died before the final lap. People near him thought they *had better* give his name to a mountain range. The mountains run from Mexico to Canada. Because the mountains extend 5,000 kilometers, the mountain range *can* have all seasons.

The young man's name was "Rocky." So, people called the greater mountains "Rocky Mountains." His name *can* remain forever in people's heart.

Review Sentence Writing

1 *May* I go in your room?
2 I *had to* take the pill before the test.
3 We *used to* stay up all night.
4 We *should* have a meeting on Monday.
5 We *may/might* arrive there late.
6 You *can* make delicious cookies with this recipe.
7 I *am supposed to* send the mail by 2 o'clock.
8 How much *would* that be?
9 It *could* hurt you.
10 I *had better* not tell you.
11 I *must* do this.
12 He *is going to* wait for me there.
13 He *should* prove his talent through his work.
14 I'd *better* go home now.
15 Caroline *is able to* finish this project.
16 You *must* be careful about this.
17 He *would/used* to make mistakes.
18 I *was going to* ask the same thing to the teacher.
19 Now, *shall* we go to the coffee shop?
20 I *will* follow you until the end.

● Story Four

Preview the Story Sentence

1 A young man in a small town might lose his wounded legs.
2 He started a walking practice.
3 He was going to run for other physically handicapped people.
4 His worried friends and family said.
5 The mountain runs from the hot Mexico to the cold Canada.
6 Because the mountain can have all seasons, it fascinated visiting people.

A young man in a small town might lose his *wounded* legs. He had an *unexpected* car accident on the way home. The young man lay down at home for a long time. He had to wear *wooden* artificial legs. He did not give up. He started a *walking* practice. He could walk and run with the *wooden* artificial legs. He was going to run for other physically *handicapped* people. The young man could run 12 hours a day without help. He used to pass old towns and cities. There, he used to meet people. He would cross the *rolling* rivers in the *pouring* rain.

In *blossoming* spring, the young man enjoyed the *brushing* spring breeze. In summer, he should bear the *steaming* summer on the street. In fall, he would appreciate the *burning* autumnal tints. He had to breathe hard in the *freezing* winter. He ran in the *swirling* winds, but the *snow-covered* mountain is just beautiful to him. He was able to run another year. He ran two and a half years. He could see the *streaming* change of the season on the road.

Sometimes he got sick, but he ran. People gathered. The *gathered* people welcomed the young man. They would donate money for the young *running* man. He built social welfare facilities with the *donated* money for the *needed* people. "I will run more. I can run more. I want to overcome the *given* situation." He could build more social welfare facilities. "I have got to run more for other people," the young *motivated* man said. "You are supposed to take a rest. You need a *resting* time. You had better run only one more lap. And you have to rest," his *worried* friends and family said.

People knew the young man's name. Now the world knows his name. We used to hear his *well-known* name, too.

The young man died before the final finishing line. People thought they had better give his name to an existing mountain range. The mountain runs from the hot Mexico to the cold Canada. The mountain extends 5,000 kilometers. Because the mountain can have all seasons, it fascinated visiting people. The young challenging man's name was "Rocky". So, people called the greater mountains "Rocky Mountains". His shining name can remain forever in people's heart.

Review Sentence Writing

1. I saw a running man at the park.
2. We will remember the surprising accident for a long time.
3. We have two reserved seats.
4. I used to fix the broken toy for my hobby.
5. You should check it with this prepared pen.
6. This may/might be a turning point for you.
7. They used purified water.
8. You are able to solve the confusing problem.
9. My driving record is not good.
10. I had better buy wooden chairs.
11. I could not avoid pouring rain.
12. The gathered people witnessed a shocking scene.
13. It catches every moving object.
14. She closed the opened window.
15. Have you been to the United States?
16. Smoking area is around the corner.
17. A hunting season is coming.
18. What's the boarding time?
19. How much is the registered mail?
20. Can you make an iced tea?

● Story Five

Preview the Story Sentence

1. His legs were hurt badly.
2. He did not give up.
3. People are interested in him.
4. He was given much/a lot of money.
5. Many social welfare facilities were built in each state.
6. People called the greater mountains "Rocky Mountain."

A young man in a small town might lose his legs. His legs were hurt badly. He had a car accident. It was unexpected. He had to wear artificial legs. The artificial legs were wooden. He did not give up. He started a walking practice. He could walk and run with the wooden artificial legs. The young man was going to run for other physically handicapped people. The young man could run 12 hours a day without help. He passed old towns and cities. There, he used to meet people. He would cross the rolling rivers in the pouring rain.

In blossoming spring, the young man enjoyed the warm spring breeze. In summer, he should bear the steaming summer on the street. In fall, he would appreciate the burning autumnal tints. He had to breathe hard in the freezing winter. He ran in the swirling winds, but the winter mountain is just beautiful to him. The white mountain was covered with snow. He was able to run another year. He ran two and a half years. He could see the streaming change of the season on the road.

Sometimes he got sick, but he ran. People are interested in him. People gathered. The gathered people welcomed the young man. The young man was welcomed by the people. They would donate money for the young running man. He was given much money. He built social welfare facilities with the donated money for the needed people. "I will run more. I can run more. I want to overcome the given situation. The physical handicap is given to me." He could build more social welfare facilities. Many social welfare facilities were built in each state. "I have got to run more for other people," the young man said. He was motivated. "You are supposed to take a rest. You need a resting time. You had better run only one more lap. And you have to rest," his worried friends and family said, but the young man was not worried about himself.

People knew the young man's name. Now the world knows his name. His name was known widely. We used to hear his well-known name, too.

The young man died before the final finishing line. People thought they had better give his name to an existing mountain range. The mountain runs from the hot Mexico to the cold Canada. The mountain extends 5,000 kilometers. Because the mountain has all seasons, it fascinated visiting people. Many people are fascinated by the scenic beauty.
The young challenging man were called "Rocky." So, people called the greater mountains "Rocky Mountains." His shining name can remain forever in people's heart.

Review Sentence Writing
1. The chair was made of plastic.
2. The sculptor was publicized by the sponsor.
3. Sam was hurt/injured/wounded by the car accident.
4. The people were invited for this conference.
5. I was welcomed.
6. My salary was controlled by the president of the company.
7. She was named "a princess" by her friends.
8. I am worried about you.
9. The room was filled with smoke.
10. His talent was given from the parents.
11. Some e-mail is deleted/removed.
12. I was embarrassed by the news today.
13. They may/might be excited by the matter.
14. I was betrayed by him.
15. His identity will be revealed.
16. The building was built by the Rem Koolhaas from Netherlands.
17. Much works were given to me.
18. The contract will be automatically extended.
19. I was told to do this.
20. The leftovers were covered with the paper.

● Story Six

Preview the Story Sentence
1. The young man could run 12 hours a day without any help.
2. While the young man ran in the freezing winter, he had to breathe hard in the swirling winds.
3. His friends and family are worried about him.
4. Although his body became weak, the young man was not worried about himself.
5. Now the world knows his name.
6. He breathed his last breath under a clear autumn sunshine.

After a young man had a car accident, he might lose his legs. Because his legs were hurt badly, he had to wear artificial legs. The artificial legs were heavy and uncomfortable. Even if the wooden artificial legs gave him a hard time, he did not lose his smile. As soon as he started a walking practice, he could walk and run. The young man planned to run for other physically handicapped people. The young man could run 12 hours a day without any help. He started running. When he passed old towns and cities, he met new people there. He would cross the rolling rivers in the pouring rain.

When the blossoming spring came, the young man enjoyed the warm spring breeze. In the middle of the summer, he should bear the steaming heat from the ground. As fall season approached, he would appreciate the burning autumnal tints. While the young man ran in the freezing winter, he had to breathe hard in the swirling winds. Even though the mountain was covered with snow, the winter mountain is just beautiful to him.
He ran two and a half years. He was able to run another year. He kept running. Every time he ran, he could see the streaming change of the season.

Sometimes he got sick, but he ran. People are interested in him. The young man was welcomed by the people because everybody wanted to see him. As people donated money for the young running man, he built social welfare facilities with the donated money for the needed people. "As long as I can run, I will run more. I want to challenge my limit because I want to overcome the given situation." He could build more social welfare facilities. "I have got to run more for people like me," the young man said. He was restless.

His friends and family are worried about him, "You are supposed to take care of yourself. You had better run after you had a resting time." Although his body became weak, the young man was not worried about himself.

People knew the young man's name. Now the world knows his name. Whether we want or not, we used to hear his name.

Sadly, the young man could not return to the final finishing line. By the time people discovered him, he was lying on the road. The young man died on the road. He breathed his last breath under a clear autumn sunshine.

Since his devotion for people was impressive and constant, people thought they had better give his name to an existing mountain range. They chose one mountain range. The mountains run 5,000 kilometers without stopping. Because of its long range from the hot Mexico to the cold Canada, the mountains have all seasons. The scenic beauty fascinated many visiting people.

After they chose the mountains, they needed a name. The name of the young man was "Rocky." Because people liked the name, they called the greater mountains "Rocky Mountains." His name and effort can remain forever although he died young.

Review Sentence Writing

1. You can take a picture after you get permission.
2. Even though Jason is young, his speech impressed people.
3. Call me as soon as you receive this message!
4. When I see you again, I will tell you the truth.
5. When I walked down the stage, people applauded.
6. Even if you do not like it, you should accept it.
7. Whenever I listen to the music, the music reminds me of him.
8. As long as I have a job, I am happy.
9. Although I lost my weight, my friends did not notice it.
10. Whether you will come or not, he will wait for you.
11. When I stopped at the red light, I saw you.
12. Since he came here, he worked actively.
13. You can take it out after you pay for it.
14. While I was studying for the exam, I listened to the music.
15. Since we use the computer, our life depends on it.
16. Only if you know the answer, raise your hand.
17. Because you came late, we missed the concert.
18. Don't give up until you see the result.
19. In case I have any news, you stay at home.
20. After he left, I found a small box.

Memo